Feuer am Wasserfall

Ingo Michael Simon

Ingo Michael Simon studierte Psychologie und Pädagogik und ist Hypnosetherapeut mit Praxistätigkeiten in Südwestdeutschland und in der Schweiz. Mit Hilfe hypnosegestützter Psychotherapie behandelt er vor allem Menschen mit anhaltenden psychischen Leiden. Angststörungen aller Art und psychosomatische Erkrankungen bilden den Schwerpunkt seiner Praxistätigkeit. Zu seinen therapeutischen Angeboten gehören hauptsächlich Hypnoseanwendungen sowie Quantenheilung und die von ihm selbst entwickelte Traumlandtherapie.

Ausbildungskurse

Ingo Michael Simon bietet regelmäßig Ausbildungskurse zu verschiedenen Therapieformen und Themen an. Aktuelle Informationen und Termine finden Sie auf seiner Homepage www.praxissimon.de.

Feuer am Wasserfall

Ingo Michael Simon

Feuer am Wasserfall
Trancegeschichten

© 2014 - I. M. Simon

ISBN: 978-3-7322-9782-5
Herstellung und Verlag:
BoD - Books on Demand, Norderstedt
Alle Rechte liegen beim Autor.

Wichtiger Hinweis
Die Inhalte dieses Buches beruhen auf den praktischen Erfahrungen des Autors mit Hypnoseanwendungen und Psychotherapie im Zustand der Trance. Obwohl sich der Autor um größtmögliche Sorgfalt bemüht hat, können Fehler oder Missverständnisse in der Darstellung nicht vollkommen ausgeschlossen werden. Die Texte dieses Buches oder Teile davon können in therapeutische Sitzungen eingebaut werden oder zur Unterstützung therapeutischer Prozesse benutzt werden. Das Buch ersetzt auf keinen Fall die sorgfältige Arbeit eines Arztes oder Heilpraktikers, kann also nicht stellvertretend oder ersatzweise für die Behandlung durch einen Therapeuten verstanden werden. Die therapeutische Arbeit mit Menschen sowie die Anwendung der Texte des Buches obliegen ausschließlich der Verantwortung des Therapeuten. Es kann nicht ausgeschlossen werden, dass Teile dieses Buches falsch verstanden werden oder der Einsatz der Texte des Buches eine ungewünschte Reaktion beim Klienten bewirken kann. Eine Mitverantwortung des Autors besteht auch dann nicht, wenn unter Hinweis auf die Ausführungen dieses Buches mit einem Klienten gearbeitet wird.

Inhaltsverzeichnis

Vorbemerkungen ... 7

Die Schatztruhe *Verborgene Gefühle entdecken* ... 16

Am Brunnen *Verborgene Gefühle entdecken* ... 23

Kugeln im Feld *Verborgene Gefühle entdecken* ... 30

Die Blumenfelder *Widersprüchliche Gefühle* ... 36

Feuer am Wasserfall *Widersprüchliche Gefühle* ... 43

Fahrt zu den Inseln *Wut und Zorn* ... 50

Im ewigen Eis *Unerfüllte Sehnsucht* ... 57

Stimmungsschaukel *Stimmungsschwankungen* ... 64

Ballonfahrt über die Wolken *Enttäuschungen* ... 71

Flug zu den Sternen *Hoffnung und Zuversicht* ... 78

Schlusswort ... 85

Chora'Ana
Institut

Ausbildung, Beratung& Gesundheit

Chora' Ana ist ein Ort der Unterstützung, Kräftigung und Begegnung, der achtsamen Kompetenz und des Wirkens. Wir bringen für Sie Berater, Ausbilder und Therapeuten aus ganz Europa zu Veranstaltungen an *einen* Ort ... mitten ins Zentrum von Saarbrücken!

Finden Sie bei uns Ihre Wunschausbildung oder das für Sie passende Beratungs- und Therapieangebot ... oder mieten Sie bei uns Ihren Raum und bringen auch *Ihre* Angebote an Beratung, Therapie und Ausbildung nach Saarbrücken!

Sie finden hier Räume mit Wohlfühlfaktor und eine prachtvolle Adresse, um Ihre Kompetenzen in der besten Form zur Wirkung zu bringen. Unsere Behandlungs- und Beratungsräume eignen sich besonders für den alternativ-gesundheitlichen Bereich. Ganz gleich was Sie tun ... Sie dürfen sich bei aller Konzentration auch wohlfühlen. Wenn Sie nach einem Arbeitstag unsere Räume verlassen, darf es mit einem Lächeln sein.

Institut Chora' Ana
Bahnhofstraße 38 - 66111 Saarbrücken
Telefon 0681 / 910 31 667
www.Leben-Wissen-Gesundheit.de

Vorbemerkungen

Das Land der Träume
Die Arbeit mit Trancegeschichten ist älter als die Hypnosetherapie. Märchen und Erzählungen haben eine besondere Bedeutung, die in allen Kulturen der Welt weitgehend gleich ist. Sie werden erzählt, um Angst zu vertreiben, um Ruhe zu finden und um den Kindern etwas Lehrreiches mit auf den Weg zu geben. Verpackt in eine Geschichte soll auf Gefahren aufmerksam gemacht werden, sollen Moral und Tugend aufgebaut und gefördert werden und nicht zuletzt sollen böse Geister vertrieben werden. Im Grunde genommen geht es in Märchen immer um etwas Heilsames.

Viele Trancetherapeuten wehren sich sicherlich bei der Behauptung, dass eine Trancereise ein Märchen sei. Das hat wahrscheinlich damit zu tun, dass der Trancereise oder den Trancegeschichten eine therapeutische Absicht anhaftet, was bei den Kindermärchen nicht der Fall ist. Dennoch wirkt das gleiche Prinzip. Unsere Vorstellungskraft wird gefordert. Wir versetzen uns beim Anhören immer in das Märchen oder eben in die Trancegeschichte hinein. Dabei spielt es keine Rolle, ob wir die Geschichte interessant oder albern finden. Wir gehen automatisch in die verschiedenen Figuren und Rollen hinein und machen uns ein Bild davon, was wir wohl selbst tun würden in der einen oder anderen Situation. Märchen beinhalten meistens Elemente, die nicht realistisch sind: Zauberei, Magie oder Wesen, die uns im Alltag nicht begegnen, spielen hier oft eine Rolle. Gleichzeitig ist der Kern der Geschichte doch immer sehr realistisch und gibt Anknüpfungspunkte zu unserem Leben. Die vermittelte Botschaft ist meistens eine Aufforderung, sich gut und ehrbar zu verhalten. Darauf verzichtet Therapie natürlich. Es geht ja nicht darum, einen moralisch guten Menschen zu erziehen, sondern Symptome zu lindern. Es ist jedoch das gleiche Prinzip. Trancegeschichten können Elemente oder Abläufe enthalten, die zauberhaft oder märchenhaft sind. In meinem Buch *Wellen am Horizont* gibt es beispielsweise eine Geschichte, bei der es um einen Freiheitsflug geht. In der Trancegeschichte geht das einfach, indem wir die Arme ausbreiten und fliegen. In der Fantasie ist das kein Problem. Wer hat nicht diese Fantasien, fliegen zu können, zaubern zu können?

Gleichzeitig geht es aber auch um ganz reale Probleme oder im Falle der Behandlung von Krankheiten auch um Symptome. Das Problem des Klienten wird in eine Geschichte verpackt, die ein symbolisches Spiegelbild der Thematik ist. Das wird intuitiv verstanden, so wie wir Metaphern und Vergleiche sehr leicht verstehen. Die von mir entwickelte Traumlandtherapie arbeitet nun mit ganz speziellen Märchen, genau genommen mit einer Märchenwelt, die der Klient selbst mit Leben füllt. Im Unterschied zu vielen anderen Trancegeschichten oder Fantasiereisen gibt es hier keinen vorgezeichneten Handlungsablauf und keine Figuren, denen ich Worte in den Mund lege. Meistens ist der Klient alleine im Land der Träume unterwegs und erkundet seine Emotionen und Bilder seiner Erinnerungen, um neue Wege zu finden. Manchmal trifft er auch Figuren, die in seiner Fantasie von alleine anfangen zu sprechen, ohne dass ich Inhalte oder Worte vorgebe. Die Traumlandreisen sind so aufgebaut, dass verdrängte Gefühle und Ereignisse wiederbelebt werden und auf einer tiefen Gefühlsebene verstanden und verarbeitet werden. Daher kommt die Traumlandreise auch ohne direkte oder verklausulierte Zielsuggestionen aus. Ziele und Wege findet der Klient im Land der Träume selbst. Es handelt sich also weniger um eine tatsächliche Geschichte als um eine Reise durch die eigenen Emotionen. Dabei kann der Zuhörer mehrfach die Perspektive wechseln und seine Probleme von verschiedenen Seiten her betrachten. Im Verlauf der Trancereise kann er außerdem Lösungswege ausprobieren und seine eigene Kreativität und innere Heilkraft wecken. Trancereisen regen immer zum Denken und Fühlen an, können praktisch keinen Schaden anrichten und sind leicht verfügbar. Mit etwas Fantasie können wir uns täglich neue Trancereisen ausdenken und sie unseren Klienten in der Beratung oder in der Therapie anbieten. Wenn sie sich für die Traumlandtherapie interessieren und diese gerne selbst erlernen möchten, besuchen sie mich doch einfach einmal auf der Homepage *www.traumlandtherapie.de* oder informieren sich über Kursangebote zur Traumlandtherapie auf *www.praxissimon.de.*

Sind Trancereisen immer ungefährlich?

Ich werde häufig auf meine Trancegeschichten angesprochen. In meinen Ausbildungsgruppen und von meinen Klienten höre ich immer wieder, dass die Geschichten sehr berührend sein können. Das gilt natürlich vor allem für das Zuhören. Wer die Geschichten für sich selbst lesen möchte, sollte sie auf Tonband sprechen und dann anhören. Das wirkt besser als das einfache Lesen. Ich werde dann sehr oft gefragt, worauf den zu achten sei beim Formulieren einer Trancegeschichte, um Schäden beim Klienten zu vermeiden. Natürlich gibt es gute und weniger gute Trancereisen. Wenn es gelingt, die Trancegeschichten dieses Buches ein bisschen auf den jeweiligen Klienten anzupassen, werden sie zu ganz individuellen Reisen. Ich fordere alle Kursteilnehmer und natürlich auch alle Leserinnen und Leser dazu auf, gerade das zu tun. Nehmen Sie die Geschichten als Beispiele oder als Grundgerüst und verändern Sie hier und da etwas. Sorgen Sie sich nicht. Sie schaden ihrem Klienten nicht mit einer Geschichte, auch nicht mit einer visualisierten Reise durch seine Emotionen und Gedanken. Doch ich kenne schon das nächste Argument. Was helfen kann, kann auch schaden. Wer hilft, verändert ja etwas. Also kann auch eine negative Veränderung eintreten.

Ich bleibe stur. Trancegeschichten sind keine Tricksuggestionen, die den Klienten manipulieren sollen. Es ist immer hilfreich, die eigenen Stimmungen und Gedanken anzuschauen und damit umzugehen. Natürlich werden Trancereisen nicht einfach nur vorgelesen. Berater, Geistheiler oder Therapeuten sind als Ansprechpartner da, sie greifen die Gefühle und die Äußerungen der Klienten auf und helfen ihnen, diese zum Ausdruck zu bringen. Wir geben unseren Klienten Raum, da zu sein und sich zu öffnen. Ich versichere ihnen, dass das Gegenteil viel dramatischer ist: Schweigen, Ablenken und nicht darüber reden oder nicht einmal an die Probleme denken. Das führt zu einem immer größer werdenden inneren Druck, der die Problematik verschlimmert. Sie finden in diesem Buch auch eine Trancereise, die für Menschen gedacht ist, die einen Suizidversuch überlebt haben, und eine weitere für Menschen, die deutliche Suizidgedanken haben. Ich möchte sie ausdrücklich dazu ermuntern und sie darin bestärken, gerade mit suizidalen Menschen zu reden, ihnen Hilfe anzubieten. Entgegen der weit verbreiteten Alltagsmeinung, dass jemand, der einen Selbsttötungsversuch unternommen hat, besser nicht mehr darauf angesprochen wird und durch Ablenkung und Aufzeigen des Schönen ins Leben zurückgeholt werden sollte, versichere ich ihnen, dass es am wichtigsten ist, darüber zu reden. Niemand wird durch das Sprechen über seine Suizidgedanken oder seinen Suizidversuch in den Tod getrieben. Das Gegenteil ist der Fall. Jedes Sprechen darüber, sofern es frei von Aufforderungen, Anweisungen und Kommandos oder gar Schuldzuweisungen und Moralpredigten ist, hilft beim Überleben und wichtiger noch - beim Weiterleben. Lesen sie die beiden Trancereisen und entscheiden sie selbst, ob sie damit arbeiten wollen.

Wie können die Geschichten eingesetzt werden?
Jede Geschichte beginnt mit einem kleinen Einleitungsteil, den ich kursiv und in Klammern dem eigentlichen Trancetext vorangestellt habe.

Wenn Sie eine Fantasiereise zur Entspannung vorlesen oder um einen Menschen das betreffende Thema betrachten zu lassen, ohne vorher mit ihm therapeutisch gearbeitet zu haben, sollten Sie diese Einleitung vorlesen. Jeder Tagtraum dieses Buches, auch so kann eine Trancegeschichte genannt werden, dauert ca. zehn bis fünfzehn Minuten, je nach Lesetempo. Ich habe das ganz gezielt so gewählt, damit die Trancereisen auch in therapeutische oder Beratungssitzungen eingebaut werden können. Dort eignen sie sich zum Abschluss oder als integrierter Teil einer Sitzung, die bei den meisten Therapeuten fünfundvierzig bis neunzig Minuten dauert.

Im Text habe ich Lücken gelassen, die ich mit Pünktchen ausgefüllt habe … … Diese sollen den Lesefluss verlangsamen. Es ist wichtig, nicht zu schnell zu lesen, um dem Zuhörer und seinem Unterbewusstsein Gelegenheit zu geben, das Gehörte nachzuempfinden und eine bildhafte Vorstellung dazu zu entwickeln. Lassen Sie ruhige Instrumentalmusik im Hintergrund laufen. Das erleichtert die Entspannung und erhöht die Wirkung der Trancegeschichten.

Ich verzichte auf eine theoretische Erklärung der Wirkungsweise von Trancegeschichten und darüber, welche Wörter man benutzen oder lieber weglassen sollte, wenn man solche Geschichten schreibt oder frei formuliert. Probieren Sie die

Tagträumereien einfach einmal aus und versuchen Sie doch einmal nach einiger Zeit, selbst eine Fantasiereise zu schreiben. Sie werden sehen, dass es vor allem auf die liebevolle und zärtliche Grundhaltung beim Formulieren und beim Lesen oder Sprechen ankommt, auf Respekt und ehrliche Akzeptanz. Das ist dann schon mehr als genug, um eine gute und auch therapeutische Wirkung zu erzielen.

Während sich mein Buch *Wellen am Horizont* vor allem mit emotionalen Themen befasst und *Heilsame Fantasien* mit körperlichen Problemen und Erkrankungen, geht es in diesem Buch um Situationen, die zu einem Bruch im Leben geführt haben, zum Verlieren des Lebensmutes oder zum leidvollen Stillstehen, aus dem kein subjektiver Ausweg gefunden werden konnte. Es versteht sich von selbst, dass eine Behandlung durch einen Arzt oder Heilpraktiker nicht durch Trancereisen ersetzt werden kann. Sie können aber helfen, die inneren Kräfte zu mobilisieren, um Veränderungs- oder Heilungsprozesse zu unterstützen. Die Trancegeschichten können also von Therapeuten oder von Lebensberatern benutzt werden und in die Sitzungen mit Klienten eingebaut werden. Natürlich kann auch jeder Laie die Geschichten vorlesen und damit helfen. Lassen sie einfach etwas ruhige Instrumentalmusik laufen und lesen sie etwas langsamer und auch leiser als sie normalerweise sprechen. Probieren sie es aus und sehen Sie selbst, wie einfach das ist. In meiner Praxis nehme ich die frei gesprochenen Trancereisen immer auf, indem ich ein digitales Diktiergerät mitlaufen lasse und meinen Klienten dann eine Audio-CD brenne, die sie direkt mitnehmen können. So können sie die Trancereise immer wieder anhören und immer neue Facetten ihrer Probleme betrachten, verschiedene Lösungsideen entwerfen und schließlich neue Wege beschreiten. Beachten sie bitte bei Tonaufnahmen die Lizenzierung der benutzten Musik. Das ist urheberrechtlich vorgeschrieben und es gebietet die Fairness dem Komponisten gegenüber. Auf Seite 6 des Buches finden sie eine Bestellmöglichkeit für lizenzierte Musik, die auch ich für die Traumlandtherapie benutze.

Und nun wünsche ich Ihnen viel Spaß mit den Fantasiereisen und angenehme Tagträume!

Die Schatztruhe

Verborgener Gefühle entdecken

[Unsere Gefühle bestimmen einen großen Teil unserer Gedanken und Entscheidungen. Sie veranlassen uns dazu, uns immer wieder neu zu positionieren und darüber nachzudenken, was wir von uns und unserem Leben erwarten. Viele Gefühle aber liegen im Verborgenen. Doch heute bist du unterwegs zu genau diesen Gefühlen, zu den tief liegenden Emotionen und Stimmungen, vielleicht sogar zu einem ganz besonderen Gefühl, das bisher noch nicht ganz bewusst werden konnte.]

Du bereitest dich innerlich auf deine heutige Reise vor, eine Reise in deiner Fantasie, doch Fantasie und Wirklichkeit sind nur einen Atemzug voneinander entfernt … …. Du kannst deinen Körper und all deine störenden Gedanken hinter dir lassen und ganz in dein Gefühl gehen … … Du gehst in das Land der Träume … … Im Land der Träume kannst du alles verstehen und alles ändern, wenn du willst … … denn aus jedem Wunsch kann Wahrheit werden, wenn der richtige Moment dafür gekommen ist … … und wer weiß … … vielleicht ist dieser Moment gerade jetzt gekommen … …

Du kommst zu einem breiten Weg, der dich immer tiefer in das Land der Träume hinein führt ...
... Wie von selbst bewegen sich deine Beine und tragen dich Schritt für Schritt immer weiter ... ... Du folgst deinem Weg, der dich ans Meer führt. Du gehst am Strand entlang und kannst die Wellen sehen, die im Sand auslaufen ... ... Du ziehst deine Schuhe aus und kannst den weichen warmen Sand unter deinen Füßen spüren ... ... Das Rauschen der Wellen umgibt dich und lässt deine Gedanken immer leiser werden ... ... Der Himmel über dir ist hellblau und vielleicht gibt es auch ein paar kleine weiße Wolken am Himmel ... ... Du schaust aufs Meer hinaus und soweit dein Blick reicht, siehst du nur noch das Wasser und die Wellen des Meeres ... ... Dann drehst du deinen Blick und siehst den Strand mit dem goldgelben Sand, der genauso weit in die Ferne reicht ... ... Soweit du hier schauen kannst, siehst du nur den feinen Sand ... ... So weit und grenzenlos erscheint hier alles, dass es nur noch das Meer und den Sand gibt und dich ... ...
Doch vor dir im Sand, noch einige Meter entfernt, entdeckst du etwas, das fast schon im Sand versunken scheint ... ... Du gehst darauf zu, um zu sehen, was dort im Sand verborgen liegt ... ... Schritt für Schritt näherst du dich dem verborgenen Gegenstand ... ... Du erkennst, dass es sich um eine Truhe handelt. Sie sieht aus wie eine

Truhe der Seefahrer, wie eine Schatzkiste, die halb versunken im Sand feststeckt ... ... Der sanfte Wind, der vom Meer kommt, weht feine Sandkörner auf die Kiste im Sand, der sie mehr und mehr unter sich begräbt ... ... Du kniest dich in den warmen Sand, und mit deinen Händen reibst du den Sand vom Deckel der Truhe ... ... Dort steht eine Zahl geschrieben ... ... Sie zeigt dein Geburtsjahr ... ... Wie lange mag sie hier schon liegen? Wann mag diese Schatzkiste gestrandet sein? ... ... Irgendwann zwischen dem Jahr deiner Geburt und heute ist sie hier angespült worden und versinkt langsam im Sand ... ... Mit deinen Händen gräbst du sie aus, du schaufelst den Sand zur Seite bis du sie ganz ergreifen und hochheben kannst ... ... Du stellst die Kiste neben dir in den Sand. Dann öffnest du den glänzenden Verschluss aus Messing und klappst die Schatztruhe auf ... ... Du findest in dieser Truhe tausend kleine Lichtpunkte, die sich aufgeregt hin und her bewegen. Du gehst ganz nah heran, um sie zu betrachten ... ... Du erkennst, dass es kleine leuchtende Sterne sind, tausend kleine Sterne, die plötzlich die Truhe verlassen und um dich herum schweben ... ... Wie ein Wirbelsturm, der sich in Zeitlupe um dich herum bewegt, umkreisen dich diese leuchtenden Sterne ... ... Du spürst, dass sie zu dir gehören. Sie sind ein Teil von dir ... ... Ein Teil deiner tiefen Gefühle, die so lange im Verborgenen waren ... ... Doch jetzt kannst du dieses besondere Gefühl wieder spüren ... ... Du schaust den Sternen zu, die dich umkreisen und spürst dabei immer deutlicher, welches Gefühl in dieser Schatztruhe auf dich gewartet hat ... ... Je mehr du dich auf das Bild der kreisenden Sterne konzentrierst, umso deutlicher spürst du, welches Gefühl sie dir zeigen ... ... Du bist mitten drin ... ... mitten in deinem Gefühl ... ... Du selbst hast es aus der Truhe befreit ... ... Die kleinen Sterne leuchten immer kräftiger, sie sind wie pulsierende Lichter, die immer wieder ganz hell werden und dein Gefühl immer intensiver werden lassen ... ... Mit den Fingerspitzen kannst du einige von ihnen berühren ... ... Und immer, wenn du einen berührst, spürst du das Gefühl, das du gefunden hast, noch deutlicher ... ...

Dieses Gefühl begleitet dich schon lange, auch wenn du es häufig nicht gespürt hast ... ... Jetzt entdeckst du es neu und erkennst, dass es dir helfen kann ... ... Vielleicht ist es ein sehr angenehmes Gefühl, in das du noch tiefer eintauchen willst ... ... Möglicherweise hast du auch ein eher anstrengendes und schmerzhaftes Gefühl gefunden ... ... Auch dieses Gefühl hilft dir, dich selbst besser zu erkennen ... ... dich selbst besser zu verstehen ... ... es gehört zu dir und hilft dir, zu lernen und zu wachsen ... ... vielleicht auch zu überwinden und loszulassen ... ... Die Lichtpunkte, diese kleinen leuchtenden Sterne, setzen sich nacheinander auf deinen Körper und schlüpfen durch deine Haut ganz tief in dein Inneres ... ... Das Gefühl, das du gefunden hast, wird dabei immer intensiver ... ... Du spürst es deutlich ... ... Doch gleichzeitig spürst du auch diese Veränderung ... ... Du fühlst, dass du ganz tief in der Welt deiner Gefühle und Stimmungen von genau diesem einen Gefühl auch lernen kannst. Es hilft dir, freier und glücklicher zu werden, denn es hilft dir dabei, dich selbst zu verstehen ... ... Immer mehr Sterne dringen unter deine Haut und helfen dir bei genau dieser inneren Befreiung und Neuausrichtung ... ... Du schließt die Augen, um dich ganz für das innere Lernen zu öffnen ... ... Und als du die Augen wieder auf machst, kannst du die Sterne nicht mehr sehen. Sie befinden sich alle in deinem Körper, in deiner inneren Mitte ... ... in der Welt deiner Gefühle und Stimmungen ... ... Du legst dich in den Sand, um dich auszuruhen ... ... Du schaust nach oben in den Himmel. Dann spürst du das Kribbeln in deinem Bauch, genau dort, wo dein Sonnengeflecht sich befindet ... ... Dort sitzt dieses besondere Gefühl, das du heute gefunden hast ... ... das Gefühl, das dir heute dabei hilft, dich selbst zu erkennen und zu verstehen ... ... das Gefühl, das dir heute dabei hilft, frei zu sein ... ... *[Eine gefühlte halbe Minute*

Zeit geben] ... ... Du fühlst, dass die kleinen Sterne wieder deinen Körper verlassen ... ... Sie haben ihre Arbeit erledigt, sie haben dir das Gefühl gezeigt und dir geholfen, es besser zu verstehen ... ... Nun verlassen sie deinen Körper durch dein Sonnegeflecht ... ... Du siehst dabei zu, wie sie sanft deinen Körper verlassen und in den Himmel steigen ... ... Sie sammeln sich am Himmel und leuchten dort als tausend Sterne, die dir jeden Tag den Weg zeigen können ... ...
Du stehst schließlich auf und schaust aufs Meer. Am Horizont siehst du den aufgehenden Mond, der sein weißes Licht auf das dunkle Wasser legt ... ... Du fühlst dich getragen und beschützt, du erkennst den Wert deiner eigenen Gefühle ... ... Du weißt, dass es vor allem darauf ankommt, deine Gefühle wirklich und unverstellt zu spüren. Hier gelingt es dir ... ... im Land deiner Träume ... ... Hier kannst du immer wieder und jederzeit die Schatztruhe deiner Empfindungen öffnen, denn hier bist du immer beschützt und getragen ... ... Du schaust zu den Sternen und denkst darüber nach, dass das Land der Träume tief in dir drin ist ... ... Dort war es schon immer, ich erzähle dir nur davon ...

[Spüre die Verbundenheit zu dir selbst und schenke dir deine ungeteilte Aufmerksamkeit. Fokussiere deine Gedanken ganz auf deinen

Körper. Höre das Geräusch deines Atems, der wie der Wind durch das Land der Träume weht. Der Wind ist es auch, der dir die Rückreise ins Hier und Jetzt ermöglicht. Höre den Wind deines Atems und folge ihm zurück in deinen Körper. Fühle die Verbindung zu deinem Körper bewusst und schenke ihm Aufmerksamkeit. Ertaste mit deinem Körper die Unterlage, auf der du liegst/sitzt, und stell dich darauf ein, in tiefer und fester Verbundenheit zu dir selbst wach zu werden. Deine Sinne werden wird wieder wach und du spürst in den Raum hinein, in dem du dich befindest. Du bist wach, sobald du es entscheidest. Genau jetzt. Öffne die Augen. Willkommen zurück!]

Am Brunnen

Verborgener Gefühle entdecken

[Unsere Gefühle begleiten uns den ganzen Tag über. Doch wir spüren sie nicht immer bewusst. In einem Leben voller Pflichten, voller Arbeit und Stress ist es eine Herausforderung geworden, wieder unsere wahren Gefühle zu finden und bewusst werden zu lassen. Wir können das von Natur aus, doch wir verlernen es im Lauf unsres Lebens. Heute willst du dein wahres Gefühl wieder finden und damit etwas Wichtiges über dich selbst erfahren, dich selbst etwas besser kennen lernen.]

Du bereitest dich innerlich auf deine heutige Reise vor, eine Reise in deiner Fantasie, doch Fantasie und Wirklichkeit sind nur einen Atemzug voneinander entfernt … …. Du kannst deinen Körper und all deine störenden Gedanken hinter dir lassen und ganz in dein Gefühl gehen … … Du gehst in das Land der Träume … … Im Land der Träume kannst du alles verstehen und alles ändern, wenn du willst … … denn aus jedem Wunsch kann Wahrheit werden, wenn der richtige Moment dafür gekommen ist … … und wer weiß … … vielleicht ist dieser Moment gerade jetzt gekommen … …

Du findest ein großes Tor mitten im Land der Träume … … Du stehst direkt vor diesem großen, dunklen, schweren Tor und beschließt, es zu öffnen … … Zu deiner Überraschung lässt es sich ganz leicht öffnen … … Das ist viel leichter als gedacht … … ein schweres Tor, das so leicht zu öffnen ist … … Und nachdem du es angestoßen hast, bewegt es sich ganz von alleine weiter und öffnet sich von selbst … … ganz langsam und ganz weit … … Dieses besondere Tor öffnet sich ganz weit … … das Tor zum Garten der Zeit … … Vergangenheit ist Gegenwart … … Gegenwart ist Zukunft … … Heute ist an jedem Tag … … Du gehst mit einem großen Schritt in den Garten … … und genau dieser Garten ist noch viel schöner als jeder Garten, den du zuvor gesehen hast … … Selbst die anderen Gärten des Traumlandes sind nicht so prächtig wie dieser besondere … … Du gehst über einen schmalen Pfad, der zur Mitte des Gartens führt … … Du gehst immer tiefer in den prächtigen Garten und kommst zu einem runden Platz in der Mitte des Gartens der Zeit … … Du schaust dich um. Dieser Platz ganz im Mittelpunkt des blühenden Gartens ist rund … … Der Boden ist samtweich und in der Mitte steht ein Brunnen … … Der Brunnen sieht aus wie die Brunnen früher einmal waren, mit einer Kurbel und einem langen Seil, an dem du einen Eimer in den Brunnen herunter lassen kannst, um aus der

Tiefe des Brunnens zu schöpfen … … Du gehst ganz nah heran, bis an den Rand des Brunnens … … Du schaust in den Brunnen … … Er ist so tief, dass du nicht bis zum Wasser blicken kannst. Unendlich tief ist dieser Brunnen … … Und an dem Brunnen hängt ein goldenes Schild mit der Aufschrift „Brunnen der Gefühle" … … Es ist der tiefe Brunnen deiner Gefühle. Alle Gefühle und alle Stimmungen, die du jemals hattest, befinden sich in der Tiefe des Brunnens, auch alle Gefühle und alle Stimmungen, die du jemals haben kannst, sind bereits hier … … auch und gerade die verborgenen Gefühle, die du nicht immer wahrnehmen kannst, warten hier auf dich … … Du nimmst also die Kurbel in die Hand und fängst an, sie zu drehen, damit der Eimer nach unten gelassen wird, ganz hinab in die Tiefe des Brunnens … … Du drehst immer weiter, und der Eimer am Seil nähert sich immer mehr deinen tiefen Gefühlen, deiner verborgenen Seite, die hier zu finden ist … … Mit jeder Umdrehung der Kurbel kommst du näher an deine Gefühle … … Heute willst du einen Teil deiner Gefühle entdecken … … Gefühle, die oft verborgen sind, doch so wichtig und bedeutend, dass du sie nun betrachten willst … … Denn alle Gefühle, ob angenehm oder schwierig, helfen dir, dich selbst zu entdecken und mehr über dich selbst zu erfahren … … Du drehst so lange an der Kurbel bis der Eimer am Boden des Brunnens ankommt. Dort liegt das besondere Gefühl, diese ganz besondere Stimmung, die dir heute ganz bewusst werden kann … … Der Eimer füllt sich nun mit genau diesem Gefühl … … Und langsam drehst du wieder an der Kurbel, sodass das Gefühl mit jeder Umdrehung näher kommt … … Vielleicht spürst du es jetzt schon in dir aufsteigen, wenn du genau darauf achtest. Du drehst die Kurbel und das besondere Gefühl, das du heute finden wirst, kommt näher und näher … … Du kannst immer deutlicher erkennen, um welche Empfindung es sich handelt. Du spürst sie ganz deutlich … … Du denkst darüber nach, woher du dieses Gefühl kennst und dabei wird es immer deutlicher … … Vielleicht ist es angenehm und schön, möglicherweise auch schwierig und belastend. Lass es einfach da sein, denn es ist ein Teil von dir, es gehört zu dir … … Alle deine Gefühle machen dich aus, also auch dieses … …

Der Eimer kommt oben an und du nimmst ihn in beide Hände … … Kristallklares Wasser ist in dem Eimer, so klar und rein, dass auch dieses Gefühl, das nach oben gestiegen ist, ganz klar und deutlich wird … … Du findest einen bequemen Platz in der Nähe des Brunnens und setzt dich hin … … Du lässt das Gefühl, das du jetzt spürst, noch einmal ganz intensiv werden … … Du vertraust darauf, dass es dir helfen wird, dich

selbst besser zu verstehen und dich selbst mit all deinen Gefühlen und Empfindungen besser anzunehmen ... ... Dein tiefes Inneres kann von all deinen Gefühlen lernen, auch von diesem ... ... Indem du dir deiner Gefühle bewusst bist und jedes Gefühl annimmst, kann dir auch jedes Gefühl dabei helfen, etwas zu lernen ... ... Dieses Lernen läuft ganz von alleine, alles, was du dafür tun musst, ist deine Gefühle so anzunehmen, wie sie sind, ohne dich dafür zu verstecken, ohne sie zu leugnen ... ... Genau so wie du es jetzt machst, ist es richtig ... ... Genau so ... ...
Du stehst auf und trägst den Eimer mit dir ... ... Du findest eine kleine Pflanze in diesem schönen Garten, die fast schon vertrocknet ist ... ... Du gießt diese kleine Pflanze mit dem Wasser des Brunnens, mit dem klaren Wasser, das dein besonderes Gefühl enthält, wie auch immer es sich anfühlen mag ... ... Du leerst den Eimer über dieser kleinen Pflanze, die sogleich anfängt zu wachsen ... ... Sie wird wieder grün, direkt vor deinen Augen erholt sich diese kleine unscheinbare Pflanze, die eine kräftige Farbe bekommt und anfängt zu wachsen und zu gedeihen ... ... Du kannst zusehen, wie diese Pflanze wächst, wie Neues entsteht und erblüht, weil du das verborgene Gefühl gefunden und befreit hast ... ... Du siehst dabei zu, wie diese Pflanze erblüht und denkst darüber nach, dass es immer Wachstum

und Blüte bedeutet, wenn du deine wahren Gefühle spüren kannst ... ... So nimmst du dir vor, immer wieder in deiner Fantasie, in deinem tiefen Gefühl, in diesen Garten im Land der Träume zu gehen, um nach und nach alle deine Gefühle zu finden und zu befreien ... ... Nach und nach und immer wieder aufs Neue ... ...
Du findest einen schönen Platz in der Nähe des Brunnens und legst dich hin, um dir selbst Ruhe und Ausgeglichenheit zu schenken ... ... Du findest tiefe Ruhe und schaust in den hellblauen Himmel ... ... Du siehst den Wolken zu, die langsam vorüber ziehen, und du stellst dir vor, wie viel schöner dieser Garten noch werden kann, wenn alle deine Gefühle immer wieder bewusst werden und damit befreit sind ... ... Du denkst darüber nach, dass das Land der Träume ganz tief in dir drin ist ... ... Dort war es schon immer, ich erzähle dir nur davon ... ...

[Spüre die Verbundenheit zu dir selbst und schenke dir deine ungeteilte Aufmerksamkeit. Fokussiere deine Gedanken ganz auf deinen Körper. Höre das Geräusch deines Atems, der wie der Wind durch das Land der Träume weht. Der Wind ist es auch, der dir die Rückreise ins Hier und Jetzt ermöglicht. Höre den Wind deines Atems und folge ihm zurück in deinen Körper. Fühle die Verbindung zu dei-

nem Körper bewusst und schenke ihm Aufmerksamkeit. Ertaste mit deinem Körper die Unterlage, auf der du liegst/sitzt, und stell dich darauf ein, in tiefer und fester Verbundenheit zu dir selbst wach zu werden. Deine Sinne werden wird wieder wach und du spürst in den Raum hinein, in dem du dich befindest. Du bist wach, sobald du es entscheidest. Genau jetzt. Öffne die Augen. Willkommen zurück!]

Kugeln im Feld

Verborgener Gefühle entdecken

[Wenn wir uns dann fragen, wie wir uns eigentlich tatsächlich fühlen, dann fällt uns das gar nicht immer so leicht. Unser Verstand ist dann schneller als unser Gefühl, vor allem aber haben unsere Gedanken immer auch Bewertungen über das, was wir fühlen sollten oder fühlen dürfen. Diese Bewertungen lenken uns von der klaren und bewussten Wahrnehmung unserer eigenen Gefühle immer wieder ab. Doch heute machst du dich auf den Weg zu genau diesen Gefühlen, ganz tief in dir.]

Du bereitest dich innerlich auf deine heutige Reise vor, eine Reise in deiner Fantasie, doch Fantasie und Wirklichkeit sind nur einen Atemzug voneinander entfernt … …. Du kannst deinen Körper und all deine störenden Gedanken hinter dir lassen und ganz in dein Gefühl gehen … … Du gehst in das Land der Träume … … Im Land der Träume kannst du alles verstehen und alles ändern, wenn du willst … … denn aus jedem Wunsch kann Wahrheit werden, wenn der richtige Moment dafür gekommen ist … … und wer weiß … … vielleicht ist dieser Moment gerade jetzt gekommen … …

Du siehst vor dir ein goldgelbes Feld, das aussieht wie ein Weizenfeld, das zur Ernte bereit ist … … Die Halme wiegen sich im Wind hin und her … … Es sieht aus wie eine sanfte Welle, die durch das Feld geht … … Du beobachtest den Wind, den du in der Wellenbewegung der Weizenhalme sehen kannst … … Es ist das Feld der Erkenntnis, vor dem du hier stehst. Hier kannst du vieles erkennen und verstehen … … Dieses goldgelbe Feld offenbart dir die Geheimnisse des Lebens und die Weisheit der Welten … … Vor allem aber kannst du hier viel mehr über dich selbst erfahren. Du kannst dich selbst erkennen und besser verstehen … … Du kannst die Geheimnisse deiner Gefühle hier finden … …

Du betrittst das Feld der Erkenntnis … … Du gehst mitten auf dieses Feld … … Die Halme streicheln dich sanft mit ihrer Bewegung … … Sie begrüßen dich und flüstern dir zu: „Komm näher. Erkunde das Feld der Erkenntnis" … …

Dann erblickst du zwischen den Halmen auf dem Boden des Feldes viele farbige Kugeln … … Diese Kugeln enthalten deine Gefühle. Sie warten hier auf dich, sie wollen von dir entdeckt und verstanden werden … … Goldene Kugeln mit all deinen schönen und angenehmen Gefühlen dir selbst gegenüber … … silberne mit den Gefühlen, die du für andere Menschen hegst … … graue Kugeln mit all deinen schmerzhaften und leidvollen Gefühlen ... ... und schwarze Kugeln mit den Gefühlen, die du einst verdrängt hattest ohne es zu bemerken ... ... In diesen schwarzen Kugeln sind angenehme Gefühle ebenso wie unangenehme, denn wir verdrängen häufig sowohl die einen als auch die anderen. Entscheide dich selbst, welche Kugeln du heute erkunden möchtest ... ... die goldenen ... ... die silbernen ... ... die grauen ... ... oder lieber die schwarzen ... ... Du entscheidest dich jetzt ... ...

Du nimmst eine Kugel deiner Wahl in beide Hände und hebst sie hoch, streckst sie dem Sonnenlicht entgegen ... ... Ein Sonnenstrahl trifft deine Kugel und öffnet sie jetzt ... ... Das Gefühl, das deine Kugel enthält, strömt als Wind aus der geöffneten Kugel ... ... Du atmest den Wind der Kugel ein und damit das Gefühl, das du heute gefunden hast ... ... Dieses Gefühl, das so lange verborgen war, durchströmt dich nun ganz ... ... Du spürst es deutlich ... ... Gleichzeitig wird dir klar, woher du es kennst, in welchem Zusammenhang es entstanden ist ... ... Lass das Gefühl einfach da sein, ganz gleich, wie es sich anfühlen mag ... ... Es ist ein Teil von dir ... ... Dieses Gefühl ist immer da, ob du es nun spürst oder früher verdrängt hast ... ... Das gefundene Gefühl durchdringt dich und steigt in dein Bewusstsein auf ... ...

Du atmest tief ein und aus und vertraust darauf, dass gerade dieses besondere Gefühl dir helfen kann ... ... Es zeigt dir, wer du bist ... ... Es zeigt dir, wie es dir geht, ganz tief in deinem Inneren ... ... Indem dir auch dieses Gefühl bewusst wird, bist du noch mehr in der Lage, dich weiter zu entwickeln. Du wirst erfahrener und weiser, wenn du deine Gefühle unverstellt spüren kannst ... ... Genau in diesem Augenblick erlebst du dies ... ... Du erkennst und spürst ein bisher verborgenes Gefühl, das immer deutlicher wird ... ... Du schließt die Augen im Land der Träume, um das Gefühl noch klarer zu spüren. Und als du die Augen wieder öffnest, erkennst du, dass deine Kugel eine goldene Kugel ist, so wie alle Kugeln des Feldes nun golden sind ... ... Alle Kugeln, auch diejenigen, die vor wenigen Augenblicken noch silbern waren oder grau oder schwarz, sind nun golden. Denn alles, was du erkennst und bewusst werden lässt, wird zu etwas Besonderem, wird zu einem Gefühl von dir für dich ... ... Du spürst tief in dich hinein und vertraust darauf, dass dein tiefes Inneres für dich lernt ... ... Es lernt für dich, die eigenen Gefühle klarer zu sehen, sie deutlich zu spüren, hier im Land der Träume und an jedem Tag in deinem Leben ... ... Du schaust über das Feld der Erkenntnis und siehst, dass alle Kugeln nun geöffnet sind ... ... Aus allen Kugeln strömt ein warmer Wind des

Gefühls, das jeweils in ihnen wartet ... ... Alle Gefühle werden befreit und können nun von dir betrachtet werden, wenn du es willst ... ... Jedes Gefühl in dir wird zugänglich ... ... Du kannst erkennen, wie du dich tatsächlich in diesem Augenblick fühlst. Du weißt, welches Gefühl in dir ist und sich den Weg in dein Bewusstsein bahnt ... ... Du gehst durch das Feld und jede Kugel, an der du vorüber gehst, offenbart dir ein Gefühl, das du sofort spüren kannst. Sobald du weiter gehst, vergeht dieses Gefühl und du spürst ein anderes, das sich in der nächsten Kugel zeigt ... ... So wanderst du durch das Feld der Erkenntnis und spürst, wie viele Gefühle und Empfindungen tatsächlich in dir sind ... ... Nimm dir Zeit, deine Gefühle jetzt zu spüren und in aller Ruhe bewusst werden zu lassen ... ... *[eine gefühlte Minute Zeit geben]* ... ... Du überlegst dir, dass du dir immer wieder eine Zeit der Ruhe nehmen kannst, um im Feld der Erkenntnis Kugeln deiner eigenen Gefühle zu öffnen, um zu spüren, wie es dir tatsächlich geht, welches Gefühl dich am meisten bewegt ... ... Du weißt, dass du das ganz leicht tun kannst, indem du in deiner Fantasie in das Land der Träume gehst ... ... Immer wieder findest du den Weg zum Feld der Erkenntnis ... ... Folge einfach deinem Bauchgefühl auf dem breiten Weg durch das Land der Träume ... ... Du legst dich mitten auf das Feld der

Erkenntnis und lässt alle deine Gefühle einfach bei dir sein. Hier darfst du sein wie du bist, hier im Land der Träume ist alles in Ordnung und alles richtig ... ... Und langsam wird dir klar, dass deine Gefühle auch in deinem wachen Alltag, in deinem Leben, immer nur richtig sein können, denn sie machen dich aus ... ... Du schließt die Augen und denkst darüber nach, dass das Land der Träume tief in dir drin ist. Dort war es schon immer, ich erzähle dir nur davon ... ...

[Spüre die Verbundenheit zu dir selbst und schenke dir deine ungeteilte Aufmerksamkeit. Fokussiere deine Gedanken ganz auf deinen Körper. Höre das Geräusch deines Atems, der wie der Wind durch das Land der Träume weht. Der Wind ist es auch, der dir die Rückreise ins Hier und Jetzt ermöglicht. Höre den Wind deines Atems und folge ihm zurück in deinen Körper. Fühle die Verbindung zu deinem Körper bewusst und schenke ihm Aufmerksamkeit. Ertaste mit deinem Körper die Unterlage, auf der du liegst/sitzt, und stell dich darauf ein, in tiefer und fester Verbundenheit zu dir selbst wach zu werden. Deine Sinne werden wird wieder wach und du spürst in den Raum hinein, in dem du dich befindest. Du bist wach, sobald du es entscheidest. Genau jetzt. Öffne die Augen. Willkommen zurück!]

Die Blumenfelder

Widersprüchliche Gefühle

[Manchmal streiten sich zwei Gefühle in uns. Wir fühlen Zuneigung und Ablehnung gleichzeitig, Freude und Trauer, Hoffnung und Verzweiflung. Wir sind dann wie gelähmt, können uns nicht mehr entscheiden, wissen nicht mehr, was richtig und falsch ist, was gut und was schlecht. Unser inneres Bewerten funktioniert dann nicht mehr. Heute soll es gelingen, klar zu fühlen und klar zu sehen. Heute willst du deine Gefühle, gerade die widersprüchlichen, die miteinander kämpfen, besser verstehen.]

Du bereitest dich innerlich auf deine heutige Reise vor, eine Reise in deiner Fantasie, doch Fantasie und Wirklichkeit sind nur einen Atemzug voneinander entfernt ... ... Du kannst deinen Körper und all deine störenden Gedanken hinter dir lassen und ganz in dein Gefühl gehen ... ... Du gehst in das Land der Träume ... ... Im Land der Träume kannst du alles verstehen und alles ändern, wenn du willst ... ... denn aus jedem Wunsch kann Wahrheit werden, wenn der richtige Moment dafür gekommen ist ... ... und wer weiß ... ... vielleicht ist dieser Moment gerade jetzt gekommen ... ...

Die Sonne scheint und es ist warm. Und vielleicht gibt es ein paar Wolken am Himmel, die dem Weg des Windes folgen, genau wie du ... ... Auch die Wolken lassen sich einfach treiben im Wind ... ... Du schaust dich um, blickst in alle Richtungen, und überall ist es farbenfroh und bunt um dich herum ... ... Du siehst lauter farbige Pflanzen ... ... Sie sind plötzlich überall ... ... Du siehst immer mehr Blumen und kleine Pflanzen, die sich dir entgegen strecken ... ... Du lässt deinen Blick in die Ferne schweifen und siehst die riesigen Blumenfelder ... ... Vor dir liegen zwei riesige Blumenfelder, getrennt durch einen breiten Weg in ihrer Mitte ... ... Es sind die Felder deiner gegensätzlichen Gefühle ... ... So oft haben wir tief in uns zwei Gefühle, die scheinbar gegensätzlich sind ... ... unvereinbar, doch beide gleichzeitig da ... ... so als könnten wir uns nicht zwischen zwei Positionen entscheiden ... ... Doch genau genommen können wir nie über Gefühle entscheiden ... ... Sie sind einfach da ... ... und sie haben einen Sinn ... ... auch und gerade dann, wenn sie uns so unsinnig oder eben so widersprüchlich erscheinen ... ... Du findest heute Sinn in dem scheinbar Widersprüchlichen in dir ... ...

Du kennst diese beiden Gefühle, die sich in dir streiten, diese beiden Impulse, die dich so oft hin und her ziehen ... ... Du schaust nach links und siehst das Feld mit den blauen Blumen. Nur blaue Blumen siehst du in diesem Feld. Es steht für eines dieser beiden Gefühle ... ... Wenn du jetzt auf das Feld schaust, dann spürst du auch, welches dieser beiden Gefühle dort auf dich wartet, im Feld mit den blauen Blumen ... ... Dann verlässt du den Weg und gehst mitten durch dieses Feld, um dieses Gefühl ganz intensiv zu spüren, so intensiv wie möglich. Du wirst ganz und gar erfasst von dem Gefühl des blauen Feldes ... ... Du tauchst ganz ein in dieses Gefühl und kannst es nun deutlicher spüren als vorher. Du spürst, was es dir bedeutet ... ... Du spürst, ob und wie es zu dir passt und dir einen Weg weisen kann. Oder aber du spürst, dass das nicht dein Weg sein soll ... ... Geh einfach noch tiefer in dieses Feld deines eigenen Gefühls. Du bist hier vollkommen sicher ... ... Dein tiefes Inneres versteht dieses Gefühl, einfach indem du es jetzt ganz da sein lässt ... ... Spüre das blaue Gefühl in dir ... ... Las es immer deutlicher werden ... ... Verweile in diesem Gefühl bis du meine Stimme wieder hörst ... ... *[Jetzt eine gefühlte Minute Zeit geben]* ... ...

Dann gehst du zurück zu dem Weg zwischen den Feldern. Du schaust nach oben in den Himmel und siehst den Wolken zu. Du siehst, wie sie sich im Wind treiben lassen ... ... Du gehst ein paar Schritte zwischen den Feldern und fühlst

dich frei und leicht, ganz frei und leicht … …
Dann schaust du nach rechts und siehst das gelbe Blumenfeld. Lauter gelbe Blumen, die für das zweite Gefühl stehen, mit dem sich die blaue Seite so oft streitet … … Du verlässt wieder den Weg und gehst ganz tief in das gelbe Feld hinein. Du spürst hier das gelbe Gefühl tief in dir … … Du lässt nun genau dieses gelbe Gefühl ganz intensiv werden, ganz deutlich … … Du spürst das gelbe Gefühl nun ganz intensiv, viel tiefer als vorher. Du wirst ganz und gar von dem gelben Gefühl erfasst, und du lässt es da sein … … Dein tiefes Inneres versteht dieses Gefühl heute viel besser als vorher … … Du brauchst dich nicht zu bemühen, nicht mehr innerlich zu streiten. Sei einfach da mit deinem Gefühl, das genügt … … Geh einfach noch tiefer in dieses Feld deines eigenen Gefühls … … Du bist hier vollkommen sicher … … vollkommen sicher … … Dein tiefes Inneres versteht dieses Gefühl, einfach indem du es jetzt ganz da sein lässt … … Spüre das gelbe Gefühl in dir … … Verweile in diesem Gefühl bis du meine Stimme wieder hörst … … *[Jetzt eine gefühlte Minute Zeit geben]* … …

Dann gehst du zurück zu dem Weg zwischen den Feldern. Du schaust nach oben in den Himmel und siehst den Wolken zu. Du siehst, wie sie sich im Wind treiben lassen. Du gehst ein paar

Schritte zwischen den Feldern und fühlst dich frei und leicht, ganz frei und leicht ... ...
Du folgst dem Weg und kommst zum Ende der beiden Felder ... ... Du näherst dich dem Rand eines tiefen Tals ... ... Es breitet sich vor dir aus wie ein riesiger Canyon ... ... Und du stehst ganz oben und kannst tief in das Tal blicken. Aus dem Tal weht warmer Wind nach oben zu dir. Du spürst ihn auf deiner Haut ... ... Du breitest die Arme aus und beginnst zu fliegen ... ... Hier im Land der Träume ist alles möglich ... ... Hier im Land der Träume kannst du fliegen. Wie ein Adler gleitest du durch die Luft ... ... Du fliegst hoch über dem Tal und spürst die wärmenden Strahlen der Sonne ... ... In großen Kreisen schwebst du über dem Traumland, und mit jedem Kreis spürst du mehr Freiheit, mehr Offenheit ... ... Es ist als würde alles Alte von dir abfallen und in der Tiefe des Tales verschwinden, während du immer freier wirst und ein ganz neues Gefühl aufbaust ... ... Dann wird dir plötzlich klar, dass du zwischen zwei Gefühlen nur dann hin und her gezogen wirst, wenn keines das richtige ist, wenn keines von beiden wirklich zu dir gehört ... ... Doch nun zeigt dir dein tiefes Inneres dein wahres Gefühl ... ... Mit jeder Kreisbahn, die du fliegst, wird es deutlicher ... ... Es ist anders als du dachtest ... ... es ist neu ... ... Es fühlt sich richtig an ... ... Lass dein wah-

res Gefühl immer klarer werden ... ... Das geht wie von selbst, einfach indem du wie ein Adler am Himmel kreist ... ... In ganz großen Bahnen, in genau deinem Rhythmus ... ... Tauche ganz in dieses neue Gefühl ein und verweile darin, bis du meine Stimme wieder hörst ... ... *[Jetzt eine gefühlte Minute Zeit geben]* ... ...
Dann überlegst du dir, dass du jeden Tag über den Dingen schweben könntest wie ein Adler. Hier im Land der Träume und auch ein deinem wachen Alltag ... ... Immer wieder könnte es dir gelingen, einfach dem Wind zu folgen und hoch über allem zu schweben, was dich ablenken oder stören könnte ... ... über allem, was dir den Blick auf dein eigenes Gefühl trüben könnte ... ... So gelingt es dir dann auch, dein wahres Gefühl immer wieder zu spüren, denn nur dieses Gefühl kann dir wirklich helfen ... ... So wie jetzt ... ... genau so wie jetzt ... ... Dann landest du auf einer riesigen Wiese und legst dich hin um es dir noch bequemer zu machen ... ... Du schließt die Augen und denkst darüber nach, dass das Land der Träume ganz tief in dir drin ist. Dort war es schon immer. Ich erzähle dir nur davon ... ...

[Spüre die Verbundenheit zu dir selbst und schenke dir deine ungeteilte Aufmerksamkeit. Fokussiere deine Gedanken ganz auf deinen Körper. Höre das Geräusch deines Atems, der

wie der Wind durch das Land der Träume weht. Der Wind ist es auch, der dir die Rückreise ins Hier und Jetzt ermöglicht. Höre den Wind deines Atems und folge ihm zurück in deinen Körper. Fühle die Verbindung zu deinem Körper bewusst und schenke ihm Aufmerksamkeit. Ertaste mit deinem Körper die Unterlage, auf der du liegst/sitzt, und stell dich darauf ein, in tiefer und fester Verbundenheit zu dir selbst wach zu werden. Deine Sinne werden wird wieder wach und du spürst in den Raum hinein, in dem du dich befindest. Du bist wach, sobald du es entscheidest. Genau jetzt. Öffne die Augen. Willkommen zurück!]

Feuer am Wasserfall

Widersprüchliche Gefühle

[Manchmal gibt es widersprüchliche Gefühle, wir kämpfen innerlich mit zwei Tendenzen, die uns hin und her ziehen. Wir wissen nicht, was wir fühlen sollen, so hin und her gerissen. Welches Gefühl ist nun das tatsächliche, welches ist ein gelerntes? Heute machst du dich auf den Weg, eine Situation zu betrachten, in der oder zu der du widersprüchliche Gefühle hast. Vielleicht ist es auch eine Person, zu der du eine unklare Gefühlslage hast. Entscheide selbst, was du heute betrachten willst.

Du bereitest dich innerlich auf deine heutige Reise vor, eine Reise in deiner Fantasie, doch Fantasie und Wirklichkeit sind nur einen Atemzug voneinander entfernt … …. Du kannst deinen Körper und all deine störenden Gedanken hinter dir lassen und ganz in dein Gefühl gehen … … Du gehst in das Land der Träume … …. Im Land der Träume kannst du alles verstehen und alles ändern, wenn du willst … … denn aus jedem Wunsch kann Wahrheit werden, wenn der richtige Moment dafür gekommen ist … … und wer weiß … … vielleicht ist dieser Moment gerade jetzt gekommen … ….

Du kommst zu einem Wasserfall ... ... Du stehst ganz oben und schaust in das Tal, in das der Fluss sich hinab stürzt ... ... Am Ufer des Flusses entdeckst du einen schmalen Pfad, der ins Tal führt ... ... Du folgst diesem Pfade und gehst immer tiefer in das Tal der Stille ... ... das Tal, in dem das Leben im Augenblick still zu stehen scheint ... ... Du kommst im Tal an und schaust von unten dem Wasserfall zu ... ... Du beobachtest das Wasser, das in die Tiefe fällt und sich dort in einem kleinen See sammelt ... ... Am Ufer des Sees setzt du dich hin, um dich auszuruhen und schläfst ein ... ... Du schläfst tief und fest ... ... Und als du wieder aufwachst, brennt am Ufer ein riesiges Lagerfeuer, so groß wie ein Osterfeuer ... ... Du spürst die angenehme Wärme des Feuers und hörst das Rauschen des Wasserfalls ... ... Feuer und Wasser im Land der Träume... ... zwei scheinbare Gegensätze, die sich jedoch gut ergänzen, dass sie einfach zusammen gehören und nur gemeinsam einen Sinn ergeben ... ... Feuer und Wasser im land der Träume ... ... tief in dir selbst ... ...

Dann lässt du deine Gedanken wandern und dir fallen die gegensätzlichen Gefühle ein ... ... die Gefühle, die sich so oft in dir streiten ... ... als wolle das eine die Oberhand über das andere erlangen und umgekehrt ... ... Du kennst dieses Spiel der beiden Seiten in dir, die dich hin und

her ziehen, als gäbe es keine klare Position in dir
… … diese Unsicherheit … … diese Unklarheit
… … Für beide Gefühle, die sich in dir streiten,
findest du Überschriften … … vielleicht ein Wort
oder eine Schlagzeile … … Du findest zuerst eine
Schlagzeile für die eine Seite des Gefühls … …
Diese Schlagzeile oder dieses Wort siehst du im
Wasserfall … … Die Buchstaben sind deutlich zu
sehen, wie auf einer gläsernen Wand, an der das
Wasser des Wasserfalls herab läuft … … Du
siehst die Schlagzeile deutlich … …

… … Dann findest du ein Wort oder eine Schlagzeile für das zweite Gefühl, das sich ständig mit dem ersten streitet … … Du siehst genau dieses Wort oder diese Schlagzeile in den Flammen des Osterfeuers … … Die Buchstaben stehen dort wie auf einer erleuchteten Leinwand … … klar und deutlich … … Zunächst also betrachtest du beide Gefühle und wirst dir darüber klar, dass es tief in dir ein passendes Gefühl gibt … … dass der vordergründige Streit deiner scheinbar widersprüchlichen Gefühle nicht wirklich deine Unentschiedenheit zeigt, sondern nur zeigt, dass dir der Blick auf dein wahres Gefühl versperrt ist …
… Du gehst also ganz nah ans Feuer heran, so nah, dass es sich warm und gut anfühlt und du dieses Gefühl, das im Feuer auf dich wartet, deutlich spüren kannst … … Du betrachtest das Wort oder die Schlagzeile, die in den lodernden

Flammen zu lesen ist und spürst genau dieses Gefühl ganz intensiv ... ... Du lässt es ganz deutlich und ganz intensiv werden, ob es nun dein wahres Gefühl ist oder nicht ... ... Es ist jedenfalls ein Gefühl, dass auch zu dir gehört ... ... Tauche also für einen Augenblick ganz ein in dieses Gefühl und spüre, wie es sich genau anfühlt, bis du meine Stimme wieder hörst ... ... *[Hier eine gefühlte halbe Minute Pause machen]* ... ... Und nun dreh dich um und geh ganz nah an das Wasser heran und schau auf den Wasserfall, der dir das zweite Gefühl präsentiert ... ... Lies das Wort oder die Schlagzeile im Wasser immer und immer wieder und werde dir klar, was dieses Gefühl bedeutet ... ... Lass es ganz bewusst werden, ganz deutlich und klar und ganz intensiv ... ... Lass dieses Gefühl nun da sein, ob es nun dein wahres Gefühl ist oder nicht ... ... Auch dieses Gefühl gehört zu dir ... ... Tauche also für einen Augenblick ganz ein in dieses Gefühl und spüre, wie es sich genau anfühlt, bis du meine Stimme wieder hörst ... ... *[Hier eine gefühlte halbe Minute Pause machen]* ... ...

Nun ist es an der Zeit, das wahre Gefühl zu finden ... ... Vielleicht denkst du ja, dass es eines der beiden sein muss und dass das andere ein Irrtum war ... ... Was, wenn ich dir nun sage, dass keines der beiden Gefühle dein wahres Gefühl war, sondern dass ein ganz anderes hinter beiden auf dich wartet? ... ... Genau dieses Gefühl im Hintergrund, dein wahres Gefühl, kannst du heute finden ... ... Du gehst noch einmal zum Feuer zurück und nimmst einen brennenden Stock aus dem Feuer, den du tragen kannst wie eine Fackel ... ... Mit dieser brennenden Fackel in der Hand gehst du in den See hinein und läufst durch das knietiefe Wasser ... ... Du willst jetzt dein wahres Gefühl finden ... ... genau jetzt ... ... deshalb tauchst du die brennende Fackel ins Wasser, und beide Gefühle treffen aufeinander... ... Mit einem zischenden Geräusch erlischt die Fackel im Wasser des Sees und Rauch steigt vor dir auf ... ... Und im Rauch kannst du ein ganz neues Wort lesen, das dein wahres Gefühl beschreibt ... ... ein Wort oder eine Schlagzeile, und gleichzeitig kommt das wahre Gefühl, deine tatsächlichen Empfindungen in dein Bewusstsein ... ... Du spürst, was du wirklich fühlst ... ... Du spürst es deutlich, lass dieses Gefühl zu, ob du nun damit gerechnet hast oder nicht ... ... ob du es nun gewünscht hast oder nicht ... ... Und selbst, wenn der Rauch noch so dicht sein sollte, dass du gar nichts erkennen kann, ist das vollkommen in Ordnung ... ... denn dein tatsächliches Gefühl ist bei dir und in dir und kann sich jetzt zeigen ... ... jetzt oder auch etwas später ... ... in einigen Minuten oder am morgigen Tag ... ... dein wahres Gefühl tritt nun nach vorne und

zeigt sich dir immer deutlicher ... ... Tauche also für einen Augenblick ganz ein in dieses wahre Gefühl und spüre, wie es sich genau anfühlt, bis du meine Stimme wieder hörst ... ... *[Hier eine gefühlte halbe Minute Pause machen]* ... ...
Dann gehst du ans Ufer zurück, um dich hinzulegen und in der Sonne auszuruhen ... ... Du schließt die Augen und spürst ganz tief in dich hinein ... ... Du bist einfach da und das ist genug ... ... Du vertraust darauf, dass sich dein wahres Gefühl immer deutlicher zeigt und dir deinen Weg weisen wird ... ... Dann denkst du darüber nach, dass das Land der Träume ganz tief in dir drin ist. Dort war es schon immer. Ich erzähle dir nur davon ... ...

[Spüre die Verbundenheit zu dir selbst und schenke dir deine ungeteilte Aufmerksamkeit. Fokussiere deine Gedanken ganz auf deinen Körper. Höre das Geräusch deines Atems, der wie der Wind durch das Land der Träume weht. Der Wind ist es auch, der dir die Rückreise ins Hier und Jetzt ermöglicht. Höre den Wind deines Atems und folge ihm zurück in deinen Körper. Fühle die Verbindung zu deinem Körper bewusst und schenke ihm Aufmerksamkeit. Ertaste mit deinem Körper die Unterlage, auf der du liegst/sitzt, und stell dich darauf ein, in tiefer und fester Verbundenheit

zu dir selbst wach zu werden. Deine Sinne werden wird wieder wach und du spürst in den Raum hinein, in dem du dich befindest. Du bist wach, sobald du es entscheidest. Genau jetzt. Öffne die Augen. Willkommen zurück!]

Fahrt zu den Inseln

Wut und Zorn

> *[Wut ist ein intensives Gefühl. Und manchmal, kommen uns Tränen im Zorn. Wir reden dann von den Tränen der Wut oder versuchen sie sonst irgendwie mit dem Gefühl des Zornes in Einklang zu bringen. Doch Tränen sind die Boten der Traurigkeit, nicht der Wut. Oftmals bemerken wir nicht, dass wir traurig sind, ganz tief hinter unserer Wut. Oder es ist eine tiefe Enttäuschung oder eine Verletzung, die uns traurig macht und weinen lässt. Heute willst du das Gefühl hinter deiner Wut finden.]*

Du bereitest dich innerlich auf deine heutige Reise vor, eine Reise in deiner Fantasie, doch Fantasie und Wirklichkeit sind nur einen Atemzug voneinander entfernt … …. Du kannst deinen Körper und all deine störenden Gedanken hinter dir lassen und ganz in dein Gefühl gehen … … Du gehst in das Land der Träume … … Im Land der Träume kannst du alles verstehen und alles ändern, wenn du willst … … denn aus jedem Wunsch kann Wahrheit werden, wenn der richtige Moment dafür gekommen ist … … und wer weiß … … vielleicht ist dieser Moment gerade jetzt gekommen … …

Du stehst an einem Strand und gehst langsam durch den Sand. Du schaust am Strand entlang. Dann entdeckst du ein Segelboot. Es liegt am Ufer, doch die Segel sind schon gesetzt … … Du gehst zu dem Boot, Schritt für Schritt durch den Sand näherst du dich diesem Boot … … Vorne am Rumpf steht der Name des Bootes … … Du erkennst ihn, du kannst ihn lesen … … Es ist dein Name … … Dein Name steht auf dem Boot … … Dort steht … … *[Name des Klienten bitte einfügen]* … … Es ist dein Boot … … Du kletterst in das Segelboot und machst es dir gemütlich … … Es wartet ein ganz bequemer Platz an Deck auf dich … … Der Wind wird stärker, er weht nun vom Land aufs Meer hinaus und setzt dein Boot in Bewegung. Im Land der Träume bist du immer in Sicherheit … … Du lässt also das Boot treiben und lehnst dich zurück. Unsichtbar wird es gesteuert, doch dein Gefühl sagt dir, dass es den richtigen Weg kennt … … Dein Boot steuert weit auf den Ozean der Gefühle hinaus, immer weiter, bis die Sonne untergeht und du durch die tiefe Nacht fährst … … Du fühlst dich vollkommen sicher, es ist warm und angenehm in deinem Boot … …

Du entdeckst eine Insel … … eine große Insel direkt vor dir … … Wie von selbst steuert dein Segelboot darauf zu und legt an einem Bootssteg an. Du steigst aus und über den Steg gehst du an

Land … … Du schaust dich um … … Die Insel besteht nur aus Sand und Steinen soweit du blicken kannst … … Am Ufer steht ein großes Schild mit der Aufschrift „Insel der Wut" … … Du machst dich auf den Weg zum höchsten Punkt der Insel, um sie ganz überblicken zu können … … Vor dir türmt sich ein Berg auf, den du erklimmen musst … … Doch du willst die Insel erkunden, also steigst du auf diesen Berg … … immer höher und höher … … Du willst an den höchsten Punkt dieser Insel gelangen … … Ganz oben kannst du vielleicht am besten erkennen, was diese Insel zu bieten hat außer Sand und Steinen … … Du kommst oben an, stehst auf dem Gipfel des Berges und schaust über die gesamte Insel … … Doch überall gibt es nur Sand und Steine … … Auf der Insel deiner Wut gibt es nichts zu entdecken … … nichts zu erkunden … … Es wartet hier nur die Insel selbst, mit der Wut und dem Zorn, die alles zu Stein und Sand zerbröselt haben … … Und doch ist diese Insel groß, sie ist da und seit langer Zeit steuerst du sie immer wieder an … … Vielleicht bist sogar auf ihr gefangen, ohne es zu bemerken … … Plötzlich entdeckst du eine zweite Insel. Sie liegt hinter der Insel der Wut. Du konntest sie vorher nicht sehen, denn sie war verdeckt durch die riesige Wutinsel … … jetzt kannst du sie sehen, also eilst du zu deinem Boot und steigst ein … … Wie von selbst setzt sich das Boot in Bewegung. Es fährt so schnell wie ein Motorboot zu der kleinen Insel auf der anderen Seite und legt am Steg an ... ... Du steigst aus und gehst auf die Insel. Sie ist farbenfroh, überall gibt es blühende Pflanzen, doch es steht kein Schild am Ufer ... ... Du folgst einem schmalen Pfad, der dich über die Insel führt, bis du zum Eingang einer Höhle kommst ... ... An der Höhle steht ein Schild mit der Aufschrift „Höhle der ungeweinten Tränen" ... ... Du gehst hinein ... ...

... ... Es ist eine Tropfsteinhöhle, überall tropft Wasser von der Decke und von den Wänden ... ... Du gehst immer tiefer hinein und spürst ... ... dass es deine eigenen Tränen sind, die hier von den Wänden laufen ... ... All die Tränen hinter der Insel der Wut ... ... all die Tränen, die du zurück gehalten hast ... ... all die ungeweinten Tränen ... ... Du gehst immer tiefer in diese Höhle und spürst immer deutlicher, welches Gefühl sich hinter deinem Zorn versteckt, denn hier bist du in der Höhle der Tränen, in der Höhle der Traurigkeit ... ... Vielleicht ist es eine tiefe Trauer, die du hier spüren kannst ... ... vielleicht ein Verlust ... ... möglicherweise ist es Verzweiflung ... ... Auf dieser besonderen Insel, hinter der Insel der Wut, findest du in der Höhle der ungeweinten Tränen genau das Gefühl, das du ganz tief in dir trägst, das diese Wut nur vorgeschoben hat, um unerkannt zu bleiben ... ... Doch hier im Land der

Träume erkennst du alles ganz genau ... ... Du spürst dieses Gefühl der Tränen in dir ... ... Du kommst ganz tief in der Höhle an, in einem großen Raum, in dem das Gefühl, das du hier gefunden hast, ganz intensiv wird ... ... Du bleibst stehen und lässt das Gefühl ganz da sein ... ... auch dann, wenn es schmerzhaft ist ... ... Du stehst jetzt in diesem Gefühl ... ... Es umgibt dich ganz und gar ... ... Du erkennst das Gefühl hinter deiner Wut ... ... *[Eine gefühlte Minute Pausen machen]* ... ...

Dann entdeckst du einen Ausgang. Du siehst Licht durch die Wand der Höhle und findest einen Ausgang ... ... Mit einem großen Schritt gehst du aus der Höhle nach draußen und stehst wieder am Strand ... ... Dein Boot steht direkt vor dir, als hätte es auf dich gewartet. Du kletterst in das Boot und legst dich hin ... ... Du lässt dich einfach treiben und vertraust darauf, dass das Boot auf dem Ozean der Gefühle, tief im Land deiner Träume den richtigen Weg findet ... ... Und während das Boot fährt, schaust du nach oben in den Himmel und siehst die Wolken ziehen ... ... Mit den Wolken gehen deine Gedanken auf Reisen. Du hast das Gefühl, nun das Alte loslassen zu können, dich immer weiter von der Insel der Wut zu entfernen, von all dem Sand und den Steinen ... ... Du trägst das Gefühl, das du in der Höhle gefunden hast, mit dir ... ... In

Ruhe kannst du es betrachten … … du kannst es spüren und ertragen … … Der Wind treibt das Boot an und bringt dich immer weiter von der Insel der Wut weg … … Dann bemerkst du, dass direkt neben dir im Boot ein weißes Schild liegt … … Es trägt keine Aufschrift … … Daneben findest du einen dicken schwarzen Stift … … Du überlegst dir, dass du selbst ein Schild für die Insel hinter der Wut schreiben könntest … … für die Insel, auf der du in der Höhle der ungeweinten Tränen dein wahres Gefühl gefunden hast … … Dann schreibst du das Schild … … vielleicht schreibst du „Insel des Verlustes" … … oder „Insel der Angst" … … oder aber du hast ein anderes Gefühl gefunden und schreibst es darauf … … Gib deiner Insel einen Namen und schreibe ihn auf das Schild … … *[Eine gefühlte Minute Pausen machen]* … …

Dann überlegst du dir, dass du zu dieser Insel zurückkehren wirst, um das Schild dort anzubringen … … um sie noch mehr zu erkunden, um deine Gefühle noch besser zu verstehen … … Du weißt ja jetzt, wo du sie findest, also kannst du dort hin gehen, wann immer du willst … … Dein Boot im Land der Träume wartet jeden Tag auf dich, um dich dorthin zu bringen … … Du schließt die Augen und denkst darüber nach, dass das Land der Träume ganz tief in dir drin ist. Dort war es schon immer. Ich erzähle dir nur davon ... ...

[Spüre die Verbundenheit zu dir selbst und schenke dir deine ungeteilte Aufmerksamkeit. Fokussiere deine Gedanken ganz auf deinen Körper. Höre das Geräusch deines Atems, der wie der Wind durch das Land der Träume weht. Der Wind ist es auch, der dir die Rückreise ins Hier und Jetzt ermöglicht. Höre den Wind deines Atems und folge ihm zurück in deinen Körper. Fühle die Verbindung zu deinem Körper bewusst und schenke ihm Aufmerksamkeit. Ertaste mit deinem Körper die Unterlage, auf der du liegst/sitzt, und stell dich darauf ein, in tiefer und fester Verbundenheit zu dir selbst wach zu werden. Deine Sinne werden wird wieder wach und du spürst in den Raum hinein, in dem du dich befindest. Du bist wach, sobald du es entscheidest. Genau jetzt. Öffne die Augen. Willkommen zurück!]

Im ewigen Eis

Unerfüllte Sehnsucht

[*Du denkst häufig über unerfüllte Wünsche nach, vielleicht über vieles, wovon du weißt, dass es auch nicht mehr erfüllt werden kann, weil es gar nicht mehr möglich ist. Das hat dich oft traurig gemacht. So ist der Wunsch entstanden, diese Traurigkeit wieder loszulassen, damit fertig zu werden, dass es unerfüllte Wünsche gibt, dich damit abzufinden und deinen Frieden damit zu machen. Vielleicht aber auch die alten Wünsche in Liebe loszulassen und neue zu erschaffen, die erreichbar sind.*]

Du bereitest dich innerlich auf deine heutige Reise vor, eine Reise in deiner Fantasie, doch Fantasie und Wirklichkeit sind nur einen Atemzug voneinander entfernt … …. Du kannst deinen Körper und all deine störenden Gedanken hinter dir lassen und ganz in dein Gefühl gehen … … Du gehst in das Land der Träume … … Im Land der Träume kannst du alles verstehen und alles ändern, wenn du willst … … denn aus jedem Wunsch kann Wahrheit werden, wenn der richtige Moment dafür gekommen ist … … und wer weiß … … vielleicht ist dieser Moment gerade jetzt gekommen … …

Du denkst häufig über unerfüllte Wünsche nach, vielleicht über vieles, wovon du weißt, dass es auch nicht mehr erfüllt werden kann, weil es gar nicht mehr möglich ist. So ist der Wunsch entstanden, diese Traurigkeit wieder loszulassen und deinen Frieden damit zu machen. Du stehst in einem breiten Tal und folgst dem Weg, der durch das Tal hindurch führt … … Schritt für Schritt gehst du auf diesem Weg, der dich langsam in der Zeit zurück führt … … Du gehst an alten Bäumen vorbei … … uralte Bäume, hoch und mächtig … … Und mit der Zeit werden die Bäume kleiner und die Stämme der Bäume dünner … … Die Rinde wird frischer … … und zwischen den Bäumen stehen kleine Pflanzen, die noch jung sind … … und je weiter du gehst, umso mehr erblickst du ganz junge Triebe, die gerade erst entstanden sind … … ganz junge … … Dann entdeckst du den Eingang einer Höhle … … Du stehst vor dem Eingang der Höhle und voller Vertrauen, fast wie von selbst, gehst du hinein … … Drinnen bemerkst du, dass es eine wunderschön funkelnde Eishöhle ist, doch erstaunlich warm und angenehm ist es in dieser Höhle … … Du findest festen Halt auf dem Boden und kannst ganz sicher auf ihm gehen … … Die Wände funkeln und strahlen wunderschön weiß, mit einem Schimmer von blau … … Das dicke Eis an den Wänden ist glasklar, so dass du

tief in die Eisschicht hinein sehen kannst ... ...
wie in einen ganz tiefen Spiegel ... ...
Du folgst dem Gang der Höhle, der kurvig in den Berg hinein führt, bis du einen Raum erreichst ... ... einen großen runden Raum in der Eishöhle ... ... auch der ist wunderbar warm ... ... Hier im ewigen Eis bleibt alles erhalten ... ... alles, was du je erlebt hast ... ... alles, was du je gedacht hast ... ... alles, was du jemals auch nur in deiner Fantasie hattest ... ... Hier kann nichts verloren gehen ... ... Du bist in der Höhle deiner Sehnsucht ... ... Alle Wünsche und Bedürfnisse deines Lebens findest du hier, die erfüllten und die unerfüllten ... ... die großen und die kleinen ... ... In diesem Raum findest du die erfüllten Sehnsüchte und Wünsche deiner Kindheit ... ... Gegenstände und Bilder deiner Wünsche sind wie Denkmäler im Eis der Wände eingefroren ... ... Es sieht aus wie ein wunderschönes und ganz einzigartiges Museum mit vielen Vitrinen ... ... Deine Vitrinen bestehen aus ewigem Eis der Wände ... ... Du siehst vielleicht Spielsachen, die du dir einst gewünscht und auch bekommen hast ... ... vielleicht hast du dir auch selbst einige gekauft oder auf andere Art besorgt ... ... Außerdem gibt es auch Kleidungsstücke, die du als Kind hattest ... ... vielleicht ein Musikinstrument ... ... oder dein altes Fahrrad ... ... was auch immer für dich so wichtig war und was du tat-

sächlich bekommen hast, findest du hier ... ...
Du schaust dich um in der Höhle und genießt es,
die alten Sachen hier wieder zu entdecken ... ...
Dann gehst du weiter und kommst in den nächsten Raum ... ... Es ist der Raum der Personen ...
... Alle Menschen, mit denen und von denen du
dir einst etwas gewünscht hast, das du nicht bekommen hast, sind wie Wachsfiguren hier eingefroren ... ... Du siehst sie an ... ... Vielleicht bist
du von der einen oder andere Person sogar überrascht, weil du sie hier gar nicht vermutet hättest
... ... weil du gar nicht wusstest, dass du an sie
unerfüllte Wünsche hast ... ... Langsam fallen
dir deine Wünsche dann wieder ein, vielleicht
auch ein ganz besonderer Wunsch, der nicht erfüllt wurde ... ... Dann machst du dir klar, dass
deine Sehnsucht auch nicht mehr erfüllt werden
kann, denn die Vergangenheit ist bereits vorbei
... ... Eine Träne läuft dir übers Gesicht und fällt
auf den Boden ... ... Dort friert sie zu einem Eistropfen, der golden glänzt ... ... Deine Träne soll
als Erinnerung in diesem Raum bleiben ... ... Du
aber verabschiedest dich von den Personen und
von den unerfüllten Wünschen in diesem Raum
... ... Du gehst weiter und lässt die Vergangenheit hinter dir ... ... Du kommst in einem weiteren Raum an, der sehr klein ist ... ... Auch in
diesem Raum ist die Statue einer Person in der
Wand zu sehen, in einer Eisvitrine ... ... Du nä-

herst dich dieser Person im ewigen Eis … … Sie sieht aus wie du … … Und mit einem Mal wird dir klar, dass ein Teil von dir tatsächlich in dieser Höhle gefangen ist … … Ein Teil von dir ist eingefroren, weil dieser Teil an den alten Sehnsüchten der Kindheit hängt … … So ist er bei all den Menschen in der Vergangenheit geblieben … … Doch du willst frei sein … … Du willst auch diesen Teil von dir befreien … …
Du zündest eine Kerze an und stellst sie in diesen Raum … … Du konzentrierst dich auf deine Atmung und mit jedem Atemzug wird die Flamme der Kerze größer und schmilzt das Eis … … Schritt für Schritt befreist du den Teil von dir, der hier im Eis auf dich gewartet hat … … Das Eis schmilzt und gibt die Figur, die im Eis eingefroren ist, langsam frei … … diese Figur, die so aussieht wie du … … diesen besonderen Teil von dir, der damals in der Vergangenheit stehen geblieben ist … … Schließlich ist dieser Teil befreit und beginnt sich zu bewegen … … Diese Person aus dem Eis, die ein Teil von dir ist, kommt auf dich zu und ergreift deine Hand … … Und du übernimmst die Führung … … Du hältst diesen alten Teil deiner selbst an der Hand und gehst mit ihm gemeinsam aus der Höhle nach draußen … … Ihr beiden, du und der alte Teil von dir, steht in der Sonne und spürt die Wärme im Land der Träume … …

Du findest einen bequemen Platz, und ihr beiden legt euch hin, um euch auszuruhen ... ... Dann träumst du von der Zukunft, die in genau diesem Augenblick bereits beginnt ... ... eine Zukunft, in der das alte Unerfüllte keine Rolle mehr spielt, denn du kannst das Vergangene nicht mehr ändern ... ... Verpasstes nicht mehr nachholen ... ... Das ist auch nicht erforderlich, denn du kannst soviel neue Wünsche entwickeln ... ... so viele aktuelle Sehnsüchte verwirklichen oder von ihrer Verwirklichung träumen ... ... Dann überlegst du dir, dass du immer wieder zur Höhle zurückkehren kannst, wenn du noch mehr über die Vergangenheit erfahren willst ... ... wenn du noch mehr loslassen willst ... ... Teile von dir, die in der Vergangenheit geblieben sind, weiter befreien willst ... ... Dann machst du dir noch einmal klar, dass das Land der Träume ganz tief in dir drin ist. Dort war es schon immer. Ich erzähle dir nur davon ... ...

[Spüre die Verbundenheit zu dir selbst und schenke dir deine ungeteilte Aufmerksamkeit. Fokussiere deine Gedanken ganz auf deinen Körper. Höre das Geräusch deines Atems, der wie der Wind durch das Land der Träume weht. Der Wind ist es auch, der dir die Rückreise ins Hier und Jetzt ermöglicht. Höre den Wind deines Atems und folge ihm zurück in

deinen Körper. Fühle die Verbindung zu deinem Körper bewusst und schenke ihm Aufmerksamkeit. Ertaste mit deinem Körper die Unterlage, auf der du liegst/sitzt, und stell dich darauf ein, in tiefer und fester Verbundenheit zu dir selbst wach zu werden. Deine Sinne werden wird wieder wach und du spürst in den Raum hinein, in dem du dich befindest. Du bist wach, sobald du es entscheidest. Genau jetzt. Öffne die Augen. Willkommen zurück!]

Stimmungsschaukel

Stimmungsschwankungen

[Manchmal ist deine Stimmung ein Auf und Ab der Gefühle. Du fühlst dich gut und stark, doch im nächsten Augenblick schon geht deine Stimmung in einen gedrückten Zustand über, fast eine Depression, die dich traurig und schwermütig macht. Dann willst du wieder aus dem Stimmungstief heraus kommen, hast aber das Gefühl, dass das nicht mehr geht. Dann fragst du dich, wie es dir am besten gelingen kann, mehr Stabilität in deiner Stimmung zu halten. Du willst das Auf und Ab verstehen.]

Du bereitest dich innerlich auf deine heutige Reise vor, eine Reise in deiner Fantasie, doch Fantasie und Wirklichkeit sind nur einen Atemzug voneinander entfernt … … Du kannst deinen Körper und all deine störenden Gedanken hinter dir lassen und ganz in dein Gefühl gehen … … Du gehst in das Land der Träume … … Im Land der Träume kannst du alles verstehen und alles ändern, wenn du willst … … denn aus jedem Wunsch kann Wahrheit werden, wenn der richtige Moment dafür gekommen ist … … und wer weiß … … vielleicht ist dieser Moment gerade jetzt gekommen … …

Du weißt, wie das ist, wenn du deinen eigenen Gefühlen ausgeliefert bist, sie nicht mehr beeinflussen kannst und plötzlich oder auch langsam von dieser schlechten Stimmung ergriffen wirst ... ... Dann ist das wie ein Jammertal, aus dem du nicht immer so leicht heraus gefunden hast ... ... Dann wieder geht es dir gut ... ... und du fragst dich, was da in dir so hin und her geht ... ... Heute machst du dich auf den Weg, genau das heraus zu finden ... ... diese beiden Seiten in dir zu entdecken und zu verstehen ... ... Mit geschlossenen Augen stehst du im Land der Träume und hörst Musik ... ... Ganz aus der Ferne dringt sie zu dir durch ... ... Sie hört sich an wie die Musik eines Jahrmarktes, einer Kirmes ... ... Du hörst sie jetzt deutlicher, dann plötzlich ist es still ... ... Du wartest ab ... ... Da ist sie wieder ... ... Du hörst Musik eines *Jahrmarktes/einer Kirmes ... [Benutzen sie bitte die in ihrer Region übliche Bezeichnung]* ... Du hörst sie deutlich ... ... Dann plötzlich ist es wieder still ... ... Du öffnest im Land der Träume die Augen und folgst der Musik, die du wieder hören kannst ... ... Du willst wissen, woher sie kommt ... ...

Dann kommst du zu einer Mauer, die so hoch ist, dass du noch nicht sehen kannst, was hinter ihr liegt ... ... Doch es gibt einen Eingang, ein schwarzes Tor mit der Aufschrift „Jahrmarkt/Kirmes der Gefühle" ... ... Du hörst wieder die Musik ... ... nun ist sie ganz deutlich und laut ... ... Das Tor öffnet sich von selbst, und du gehst hindurch ... ...

Du stehst auf einem großen runden Platz, der vollständig von der Mauer umgeben ist ... ... Der Platz ist so groß wie ein Fußballfeld ... ... Doch er ist fast vollkommen leer ... ... Nur in der Mitte steht eine riesige Schaukel ... ... genau betrachtet ist es eine Wippe wie du sie aus deiner Kinderzeit noch kennst ... ... oder von den Kinderspielplätzen ... ... Auf beiden Seiten kann ein Kind sitzen und dann auf und ab wippen ... ... geht die eine Seite nach oben, so geht die andere nach unten ... ... hin und her ... ... auf und ab ... ... auf und ab ... ... Auf diesem großen Platz, auf dem *Jahrmarkt/der Kirmes* der Gefühle, gibt es nur diese Wippe, und die ist riesengroß ... ... Du gehst ganz nah heran ... ... Plötzlich steht ein Schausteller vor dir, eine Person mit einem Harlekinkostüm ... ... Der Harlekin ruft dir zu „Willkommen auf der Schaukel der Gefühle" ... ... und bevor du darüber wirklich nachdenken kannst, sitzt du auch schon auf der Wippe ... ... und auf dem langen Arm der Schaukel, dir gegenüber, sitzt eine Person, die genau so aussieht wie du ... ... Ein Teil von dir auf beiden Seiten ... ... Du merkst, dass sich die Schaukel der Gefühle auf und ab bewegt ... ... mit weiten Bewegungen, denn die Arme dieser Schaukel sind sehr lang … … Ganz oben angekommen bleibt die Schaukel stehen, sie hält einfach an, und du bist am höchsten Punkt … … um dich herum ist Nebel … … Vor dir siehst du den freundlich lachenden Harlekin, der auf dem Arm der Wippe nach oben balanciert bis er bei dir ist … … Er sagt zu dir: „Erkenne, was dir hilft, fröhlich zu sein!" … … und mit tiefem Ausatmen bläst er in den Nebel … … Der Wind seines Atems treibt den Nebel wie Wolken davon … … Du kannst den blauen Himmel schon wieder sehen … … Der Harlekin vertreibt den Nebel und der Himmel wird blau … … mit jedem Ausatmen … … Und am Himmel siehst du plötzlich schöne Bilder wie in einem Film … … Bilder, die dir zeigen, was deine Stimmung aufhellen kann … … Bilder, die dir zeigen, welche Ereignisse oder welche Personen dir helfen können, den Nebel aufzulösen … … Du siehst immer mehr Bilder und sie werden deutlicher … … Du erkennst, was deine Stimmung aufhellt … …

… … Doch plötzlich erschrickt der Harlekin, er reißt die Augen weit auf, denn die Fahrt geht plötzlich nach unten … … Die Schaukel bewegt sich rasend schnell nach unten … … und dabei wird es dunkel um dich herum … … Es wird so dunkel wie in finsterer Nacht, so dass du nichts mehr sehen kannst … … Du fühlst, dass du auf der Schaukel der Gefühle abwärts fährst und

schließlich unten ankommst … … Es wird still …
… Du siehst das Licht einer Kerze, eine kleine
Flamme … … Dein Begleiter ist wieder bei dir,
der Harlekin, der nun ein dunkles Kostüm trägt,
seine Augen sind rot unterlaufen … … Er siehst
traurig aus … … Er gibt dir die Kerze, damit du
etwas erkennen kannst … … Du schaust direkt in
das Kerzenlicht, und mit jedem Atemzug wird
die Flamme etwas heller … … Langsam, Schritt
für Schritt entsteht mehr Licht um dich herum …
… Und in dem Schein der Kerze kannst du all-
mählich Bilder erkennen … … Bilder, die dir
zeigen, was dich so tief in die Verzweiflung
bringen kann … … Mit jedem Atemzug, mit jedem Einatmen wird das Licht heller, werden die
Bilder klarer und deutlicher … … Du kannst erkennen, was dich oft so traurig macht, so
schwermütig … … so betrübt wie der Harlekin
jetzt ist … … Vielleicht sind es Bilder, die du er-
wartet hast … … oder aber du bist überrascht
und fragst dich, warum gerade diese Bilder in dir
entstehen … … Lass sie einfach da sein und
schau sie dir an … …

Der traurige Harlekin sagt zu dir: „Nimm all das
als deine Wahrheit an" … … und du lässt die
Bilder zu, versuchst zu akzeptieren, dass diese
Dinge oder Ereignisse deine Stimmung so beein-
flusst haben … … Du weißt, dass du die Zukunft
gestalten kannst, vielleicht schon bald ganz an-

ders als bisher ... ... Doch mit dem, was gewesen ist, versuchst du hier deinen Frieden zu machen ... ... All das soll dich nicht mehr beeinflussen, denn es ist bereits Vergangenheit ... ... Du steigst von der Schaukel ab ... ... Mit der Kerze in der Hand gehst du durch die Dunkelheit ... ... Du lässt dich vom Licht der Kerze führen ... ... von dem licht des Erkennens ... ... Tief in dir entsteht die Erkenntnis, dass es Vergangenes ist, was dich in deinen Gefühlen oft schwanken ließ ... ... Die Vergangenheit wird durch diese Erkenntnis nicht besser, doch du erkennst eben auch, dass sie nicht mehr geändert werden kann ... ... Du beschließt also, loszulassen ... ... all das, was deine Stimmung nach unten ziehen konnte ... ... Du lässt dich von der Kerze führen ... ... und um dich herum wird es immer heller ... ... heller und heller ... ...

Du schließt die Augen und setzt dich hin ... ... Dann öffnest du sie wieder und sitzt mitten auf einer schönen Wiese im Sonnenschein ... ... Neben dir liegt das Kostüm des Harlekins, der verschwunden ist ... ... Du stehst auf und gehst weiter, lässt das Kostüm zurück ... ... Du lässt damit das Alte zurück, gehst deinen Weg in die Zukunft mit neuer Kraft ... ... Vergangenheit bleibt als Erinnerung, mehr nicht ... ... Du denkst darüber nach, dass jeder Augenblick schon in der nächsten Sekunde vergangen ist ...

… Dann gehst du der Sonne entgegen. Auf dem Weg dorthin machst du dir noch einmal klar, dass das Land der Träume ganz tief in dir drin ist. Dort war es schon immer. Ich erzähle dir nur davon … …

[Spüre die Verbundenheit zu dir selbst und schenke dir deine ungeteilte Aufmerksamkeit. Fokussiere deine Gedanken ganz auf deinen Körper. Höre das Geräusch deines Atems, der wie der Wind durch das Land der Träume weht. Der Wind ist es auch, der dir die Rückreise ins Hier und Jetzt ermöglicht. Höre den Wind deines Atems und folge ihm zurück in deinen Körper. Fühle die Verbindung zu deinem Körper bewusst und schenke ihm Aufmerksamkeit. Ertaste mit deinem Körper die Unterlage, auf der du liegst/sitzt, und stell dich darauf ein, in tiefer und fester Verbundenheit zu dir selbst wach zu werden. Deine Sinne werden wird wieder wach und du spürst in den Raum hinein, in dem du dich befindest. Du bist wach, sobald du es entscheidest. Genau jetzt. Öffne die Augen. Willkommen zurück!]

Ballonfahrt über die Wolken

Enttäuschungen

[Enttäuschungen gehören zu unserem Leben. Wir erleben sie immer wieder und lernen mit der Zeit, besser damit umzugehen. Am einfachsten geht das, wenn wir mit etwas Distanz auf die Zusammenhänge blicken können, die zu den Enttäuschungen geführt haben. Es ist eine Herausforderung, eine solche Distanz einzunehmen. Doch heute willst du diese Distanz finden, tief in dir drin über den Dingen schweben, um eine Enttäuschung zu verstehen und zu überwinden.]

Du bereitest dich innerlich auf deine heutige Reise vor, eine Reise in deiner Fantasie, doch Fantasie und Wirklichkeit sind nur einen Atemzug voneinander entfernt … …. Du kannst deinen Körper und all deine störenden Gedanken hinter dir lassen und ganz in dein Gefühl gehen … … Du gehst in das Land der Träume … … Im Land der Träume kannst du alles verstehen und alles ändern, wenn du willst … … denn aus jedem Wunsch kann Wahrheit werden, wenn der richtige Moment dafür gekommen ist … … und wer weiß … … vielleicht ist dieser Moment gerade jetzt gekommen … …

Du kennst das Gefühl der Enttäuschung, hast schon manche wegstecken müssen … … vielleicht hast du manche Enttäuschung gut verarbeitet und losgelassen … … andere hänge dir vielleicht schon lange nach oder es gab vor Kurzem eine sehr große Enttäuschung … … Heute kannst du dich davon befreien … … Von weitem siehst du mitten auf einer großen grünen Wiese einen Ballon stehen … … Er ist bereit abzuheben, wird noch von Seilen gehalten, die am Korb des Ballons befestigt sind … … Du gehst auf diesen Ballon zu und überlegst dir, dass so eine Fahrt im Ballon helfen könnte, alles von ganz weit oben zu betrachten … … mit viel mehr Überblick als vom Boden … … Du kannst vielleicht das ganze Traumland überblicken, wenn du mit dem Ballon in die Luft steigst … … Dieses Land, das nur dir gehört und nur dich selbst zeigt … … Es entsteht in deinem Gefühl, wird genährt von deinen Emotionen und Erinnerungen … … verändert sich ständig und lädt dich jeden Tag ein, hoch durch die Luft zu schweben und alles ganz gelassen von oben zu betrachten … … wie ein Vogel, der viel mehr sehen kann, wenn alles ganz klein ist und weit weg … … alles so weit unter dir … … Du stehst neben dem Ballon … … Du schaust in den Korb … … In dem Korb liegt deine Jacke … … Du steigst in den Korb und ziehst deine Jacke an … … Du spürst, wie der

Ballon nach oben treibt, wie er an den Leinen zieht … … Er will abheben und weit nach oben steigen … … Du überlegst dir, dass er vielleicht sogar bis über die Wolken steigen könnte, dorthin wo immer die Sonne scheint … … Das wäre schön … … und vielleicht ist das ja auch möglich … … Die Seile halten den Ballon noch fest … …

… … Doch plötzlich lösen sie sich vom Korb und der Ballon steigt in die Luft … … Du lässt ihn einfach treiben und hast das Gefühl, dass er einen guten und sicheren Weg finden wird … … Du überlegst dir, dass der Ballon schneller steigen könnte und tatsächlich … … Er bewegt sich schneller … … Du schaust nach unten und überlegst dir, ob der Ballon sich nach vorne bewegen kann … … und tatsächlich bewegt er sich nach vorne … … Da bemerkst du, dass du diesen Ballon mit deinem Willen steuern kannst … … mit deinen Wünschen und Entscheidungen … … Du kannst festlegen, wie und wohin er sich bewegen soll … … Dann probierst du es aus … … Du steuerst ihn nach links … … und er folgt … … nach rechts … … auch das gelingt … … und so probierst du weiter, und immer wieder folgt die Fahrt deinem Willen … … Du schaust nach unten und siehst den Ort, an dem du wohnst … … Du siehst außerdem Menschen, die in deinem Leben eine Rolle spielen … … Doch du bist weit oben und fühlst dich leicht … … Du machst deine Ballonfahrt in die Freiheit ... ... Hier oben ist gar nichts wichtig ... ... nur du selbst ... ... nur du selbst ... ... Du wünschst dir also noch viel höher zu steigen ...... bis über die Wolken soll deine Freiheitsfahrt gehen ... ... Doch der Ballon steigt nicht mehr weiter auf ... ... was du auch tust oder denkst ... ... Er bleibt plötzlich stehen ... ... Er bleibt in der Luft stehen ... ... Du kannst ihn nach vorne steuern ... ... zur Seite ... ... nach rechts und nach links ... ... Doch nicht mehr höher ... ... Du schaust nach unten ... ... Alles ist klein und unwichtig von hier oben ... ... Doch höher kommst du nicht ... ... Du überlegst, warum das so ist ... ... Dann entdeckst du eine dicke schwarze Kugel, die im Korb liegt ... ... Du entdeckst sie erst jetzt ... ... als du eingestiegen warst, konntest du sie nicht sehen, doch jetzt auf deiner Fahrt in die Freiheit ist sie plötzlich da ... ... Sie ist so groß wie ein dicker Ball ... ... Du willst sie hoch heben, doch sie ist unheimlich schwer ... ... Also bückst du dich, gehst in die Knie und betrachtest die Kugel ... ... Sie scheint aus dunklem Glas zu bestehen ... ... und in der Mitte der Kugel ist ein winziges Licht ... ... Du starrst auf das kleine Licht in der Kugel ... ... Du bist im Land deiner Träume ... ... Alles, was hier sein kann, kennst du schon ... ... deshalb weißt du bereits, dass dies die Kugel deiner Enttäuschung ist ... ... einer ganz besonderen Enttäuschung, die dich viel mehr noch beschäftigt als du dachtest … … Du schaust in die Kugel, siehst das kleine Licht darin … … Dein Blick verliert sich im Licht und dabei siehst du Bilder wie ein Wahrsager/eine Wahrsagerin in einer Kristallkugel … … Du siehst Bilder oder Szenen, die dir die große Enttäuschung deines Lebens zeigt … … Eine Enttäuschung, die vielleicht vor Kurzem entstanden ist … … vielleicht auch vor langer Zeit … … Sieh dir die Bilder an und spüre die Gefühle dieser Enttäuschung so intensiv wie möglich … … Diese Gefühle gehören zu dir … … Lass sie also da sein, damit sie sich auch wieder auflösen können … … All das kann lange dauern, benötigt seine Zeit … … Doch heute fängst du damit an, diese Enttäuschung aufzulösen … … Du schaust dir noch einmal an, was geschehen ist … … Du lässt diese Bilder in der Kugel noch einmal entstehen und schaust sie dir in Ruhe an … … Dabei wird die Kugel schon leichter und kannst sie hoch heben … … kannst dich wieder aufrichten und gerade hinstellen … … So fühlst du dich schon etwas besser … … aufrecht stehend und stark … … Du hältst die Kugel der Enttäuschung in der Hand … … weißt, dass du sie nicht ungeschehen machen kannst … … niemand kann das … …

Du lässt die Bilder ganz deutlich werden … … Dann spürst du einen Windhauch und drehst dich um … … Du siehst einen riesigen Vogel mit einem farbenprächtigen Gefieder neben deinem Ballon schweben … … der Vogel der Freiheit … … Er schaut dich an und fragt dich: „Kennst du das Land über den Wolken?" und fliegt mit festen Flügelschlägen immer höher bis er schon bald in den Wolken verschwindet … … Dort wolltest du auch hin … … über die Wolken … … Du nimmst also die Kugel der Enttäuschung und beschließt, dass sie dich lange genug gebremst hat … … was auch immer geschehen sein mag … … wie viel Enttäuschung, Verletzung und Trauer mit ihr verbunden sind … … Du wirfst sie heute aus dem Korb … … Die schwere Kugel fällt tief nach unten in das Land der Träume und befreit dich von der Last … … Der Ballon wird leichter und du steigst immer höher, folgst dem Vogel der Freiheit in die Wolken hinein … … jetzt endlich kann dein Ballon frei steigen … … deinem Willen wieder folgen … … Du steigst höher und höher bis du über den Wolken ankommst … … Auf dem Weg in das Land über den Wolken … … frei und leicht und voller Neugier willst du endlich die Welt der Freiheit erkunden … … Heute fängst du wieder damit an … …

Auf deinem Weg über den Wolken machst du dir klar, dass nur das Loslassen der Lasten dich befreien kann … … nicht immer verstehen wir unsere Last, nicht immer können wir die Dinge in

Ordnung bringen … … Aber immer können wir Lasten abwerfen und dann hoch in die Luft steigen … … so wie du heute … … Über den Wolken denkst du darüber nach, dass das Land der Träume ganz tief in dir drin ist. Dort war es schon immer. Ich erzähle dir nur davon … …

[Spüre die Verbundenheit zu dir selbst und schenke dir deine ungeteilte Aufmerksamkeit. Fokussiere deine Gedanken ganz auf deinen Körper. Höre das Geräusch deines Atems, der wie der Wind durch das Land der Träume weht. Der Wind ist es auch, der dir die Rückreise ins Hier und Jetzt ermöglicht. Höre den Wind deines Atems und folge ihm zurück in deinen Körper. Fühle die Verbindung zu deinem Körper bewusst und schenke ihm Aufmerksamkeit. Ertaste mit deinem Körper die Unterlage, auf der du liegst/sitzt, und stell dich darauf ein, in tiefer und fester Verbundenheit zu dir selbst wach zu werden. Deine Sinne werden wird wieder wach und du spürst in den Raum hinein, in dem du dich befindest. Du bist wach, sobald du es entscheidest. Genau jetzt. Öffne die Augen. Willkommen zurück!]

Flug zu den Sternen

Hoffnung und Zuversicht

[Das Leben hält viele Herausforderungen für uns bereit. Immer wieder sind wir aufgefordert, Kraft aufzubringen, um mit Hoffnung und Zuversicht nach vorne zu gehen. Manchmal haben wir das Gefühl, dass uns die Kraft ausgeht oder dass sie einfach nicht ausreicht und wir aufgeben müssen. Dann lohnt es sich, stehen zu bleiben und neue Kraft zu tanken. Das ist es auch, was dir helfen kann, denn du kannst gerade neue Kraft gebrauchen, neue Hoffnung und Zuversicht im Land der Träume finden.]

Du bereitest dich innerlich auf deine heutige Reise vor, eine Reise in deiner Fantasie, doch Fantasie und Wirklichkeit sind nur einen Atemzug voneinander entfernt … … Du kannst deinen Körper und all deine störenden Gedanken hinter dir lassen und ganz in dein Gefühl gehen … … Du gehst in das Land der Träume … … Im Land der Träume kannst du alles verstehen und alles ändern, wenn du willst … … denn aus jedem Wunsch kann Wahrheit werden, wenn der richtige Moment dafür gekommen ist … … und wer weiß … … vielleicht ist dieser Moment gerade jetzt gekommen … …

Du bist im Land der Träume und atmest tief ein und aus ... ... Du schließt die Augen und atmest noch einmal tief ein und aus und bist müde ... ... und als du die Augen wieder öffnest, stehst du in einem großen Schlafzimmer einer wunderschönen Villa ... ... Die Villa gehört dir ... ... Es ist Nacht und du stehst am Fenster, um in den Sternenhimmel zu schauen ... ... Unendlich viele kleine Sterne funkeln am Himmel, und du beginnst zu träumen ... ... lässt deine Gedanken wandern ... ... Bilder kommen und gehen ... ... Du bist so müde, dass du am liebsten schlafen willst, doch da entdeckst du einen Stern am Himmel, der besonders hell ist ... ... Dieser Stern ist auch viel größer als die anderen ... ... es scheint, als wäre er näher gekommen, während du am Fenster stehst und zum Himmel schaust ... ...

Dann siehst du einen Schatten zwischen dem Licht der Sterne huschen ... ... etwas bewegt sich am Nachthimmel ... ... Der Schatten kommt näher ... ... Du erkennst Flügel und starke Beine ... ... Du kannst schon bald erkennen, dass es sich um ein weißes Pferd mit breiten Flügeln handelt ... ... wie in einem schönen Märchen reitet es durch den Nachthimmel ... ... elegant und stolz bewegt sich das fliegende Pferd durch die Nacht und kommt näher ... ... Du siehst es im Mondlicht nun genau ... ... Es kommt zu dir ... ... Es reitet vor deinem Fenster vorbei, und du hörst tief in dir eine Stimme, die dir zuruft „Spring auf!" ... ... und ohne zu zögern springst du auf den Rücken des Pferdes, das mit dir in den Nachthimmel reitet ... ...

Du reitest auf den Stern zu, der besonders hell leuchtet ... ... Er war dir schon aufgefallen ... ... dieser besondere Stern, der irgendwie näher gekommen ist ... ... und nun bringt dich das fliegende Pferd dorthin ... ... Du machst eine Reise zu dem Stern der glücklichen Seelen ... ... Dort gibt es nur Seelen, die Glück empfinden ... ... die zufrieden sind ... ... die sich alle gegenseitig beschützen und betreuen ... ... die füreinander da sind ... ... und du bist heute eingeladen, an diesem besonderen Ort zu sein ... ... Das fliegende Pferd landet mit Schwung auf dem Stern, der so hell leuchtet ... ... du steigst ab und stehst auf einem gläsernen Boden ... ... Um dich herum leuchtet wunderschönes Licht ... ... Es ist angenehm warm und du fühlst dich geborgen hier ... ... Und um dich herum kannst du überall Gestalten erkennen ... ... wie menschliche Körper, die aber so hell und schön leuchten, dass du keine Gesichter erkennen kannst ... ... keine Kleidung ... ... Du kannst weder Frauen noch Männer erkennen ... ... Alle, die hier sind, bestehen aus purem Licht ... ... Lichtgestalten im Land der Träume ... ...

… … Sie huschen um dich herum … … Sie wussten, dass du sie besuchen würdest, denn sie haben dich eingeladen … … das fliegende, weiße Pferd, der Bote des Glücks, hat dich zu ihnen geführt … … Diese Gestalten aus Licht sind glückliche Seelen … … Sie schenken das Gefühl von Zufriedenheit … … inneren Frieden … … Leichtigkeit und Freude … … Hoffnung und Zuversicht … … Immer wieder berühren dich einige von ihnen … … und mit jeder Berührung geht ein Teil ihres Lichtes auf dich über … … Bald schon beginnt auch dein Körper zu leuchten … … und mit dem Leuchten entsteht auch in dir dieses Gefühl von Freude und Glück … … diese Leichtigkeit … … das Gefühl, getragen und beschützt zu sein … … Die glücklichen Seelen schenken dir so viel Licht wie möglich … … indem sie dich immer und immer wieder berühren … … dich innerlich zum Leuchten bringen … … Hoffnung und Zuversicht in dir wecken … … Frieden und Freiheit in dir erschaffen … …

… … Du tauchst mit all deiner Wahrnehmung und Aufmerksamkeit in das Licht der glücklichen Seelen ein … … Du bist jetzt dort … … im Land der Träume … … Du bist auf dem Stern der glücklichen Seelen, im Land der Träume … … nicht nur in deiner Fantasie, sondern ganz und gar in deinem Gefühl … … Du bist im Licht der glücklichen Seelen … …

Du lässt dich einfach in ihre Hände fallen … … Sie tragen dich … … halten dich sicher und warm … … Die glücklichen Seelen tragen dich … … Du ruhst dich aus … … Du genießt es, da zu sein und einfach Ruhe zu finden … … jetzt musst du gar nichts erledigen … … gar nichts bekämpfen … … nichts loslassen und nichts überwinden … … Sei einfach nur da und genieße das Getragensein … … Entspanne dich immer tiefer und vertraue auf die Kraft des Lichtes … … auf die heilsame Kraft des Lichtes … …

… … Du spürst, wie das heilende Licht in deinen Körper fließt, unter die Haut geht … … Es leuchtet überall um dich herum und ganz tief in dir drin … … ein Geschenk der glücklichen Seelen … … für dich … … ein Geschenk nur für dich … … Heute kannst du dich vollkommen ausruhen und dich einfach nur tragen lassen … … Alte Wunden in dir beginnen zu heilen … … Schmerzen vergehen mit jeder Sekunde … … belastende Bilder lösen sich auf im Licht … … Du fühlst dich freier und leichter … … freier und leichter … … Mit geschlossenen Augen kannst du das schöne Licht erkennen … … kannst es spüren tief in dir und auch die heilende Wirkung fühlst du genau, wenn du tief in dich hinein spürst … … Das Licht ist jetzt in dir … … Es leuchtet in dir … …

Du öffnest die Augen und entdeckst den Glücksboten, das weiße Pferd, das dich hierher gebracht hat ... ... Es ist Zeit zu gehen, also steigst du wieder auf seinen Rücken, fertig zur Rückreise ... ... Eine Lichtgestalt, eine glückliche Seele, schenkt dir eine Kugel aus Licht, die in deine rechte Hand passt ... ... so klein und doch so hell wie ein Stern ... ... Dann verabschiedest du dich und trittst die Rückreise an ... ... durch den Nachthimmel zurück zu deinem Haus ... ... Du schließt die Augen und als du sie wieder öffnest, stehst du wieder am Fenster im Schlafzimmer ... ... Du gehst zum Bett und legst dich hin, um zu schlafen ... ... Die Kugel aus Licht hältst du fest in deiner Hand und schläfst ein ... ... und während du einschläfst, erinnerst du dich daran, dass jede Fantasie Wahrheit ist im Land der Träume. Das Land der Träume ist tief in dir drin. Dort war es schon immer. Ich erzähle dir nur davon ... ...

[Spüre die Verbundenheit zu dir selbst und schenke dir deine ungeteilte Aufmerksamkeit. Fokussiere deine Gedanken ganz auf deinen Körper. Höre das Geräusch deines Atems, der wie der Wind durch das Land der Träume weht. Der Wind ist es auch, der dir die Rückreise ins Hier und Jetzt ermöglicht. Höre den Wind deines Atems und folge ihm zurück in

deinen Körper. Fühle die Verbindung zu deinem Körper bewusst und schenke ihm Aufmerksamkeit. Ertaste mit deinem Körper die Unterlage, auf der du liegst/sitzt, und stell dich darauf ein, in tiefer und fester Verbundenheit zu dir selbst wach zu werden. Deine Sinne werden wird wieder wach und du spürst in den Raum hinein, in dem du dich befindest. Du bist wach, sobald du es entscheidest. Genau jetzt. Öffne die Augen. Willkommen zurück!]

Schlusswort

Nachdem Sie die Trancegeschichten gelesen haben, sind sicherlich schon Ideen entstanden, zu welchem Anlass und in welcher Form Sie die eine oder andere Geschichte einmal vorlesen können. Das geht mit allen Geschichten auch ohne speziellen Anlass, einfach so zur Entspannung. Die angesprochenen Themen spielen bei allen Menschen eine Rolle und können keinesfalls Schaden anrichten. Wenn Sie nun überlegen, eigene Geschichten zu schreiben oder auch frei zu formulieren, dann möchte ich Sie ausdrücklich dazu ermuntern. Es steht keine Geheimwissenschaft dahinter und falsch machen können Sie kaum etwas. Wenn Sie verständnisvoll und liebevoll formulieren, gelingt Ihnen auch das Schreiben einer guten Trancegeschichte. Sie werden sehen, wie leicht das ist und wie wirksam und vor allem hilfreich Ihre eigenen Geschichten sein werden.

Buchreihe: Zehn Hypnosen

Zehn Hypnosen. Band 1: Raucherentwöhnung
ISBN: 978-3-7322-4733-2

Zehn Hypnosen. Band 2: Angst und Unruhezustände
ISBN: 978-3-7322-4734-9

Zehn Hypnosen. Band 3: Burn Out
ISBN: 978-3-7322-4717-2

Zehn Hypnosen. Band 4: Übergewicht reduzieren
ISBN: 978-3-7322-4569-7

Zehn Hypnosen. Band 5: Vergangenheitsbewältigung
ISBN: 978-3-7322-4719-6

Zehn Hypnosen. Band 6: Suizidgedanken und Suizidversuche
ISBN: 978-3-7322-4722-6

Zehn Hypnosen. Band 7: Psychoonkologie
ISBN: 978-3-7322-4725-7

Zehn Hypnosen. Band 8: Zwänge und Tics
ISBN: 978-3-7322-4726-4

Zehn Hypnosen. Band 9: Selbstvertrauen und Entscheidungen
ISBN: 978-3-7322-4727-1

Zehn Hypnosen. Band 10: Trauerarbeit
ISBN: 978-3-7322-4729-5

Zehn Hypnosen. Band 11: Psychosomatik
ISBN: 978-3-7322-8515-0

Zehn Hypnosen. Band 12: Chronische Schmerzen
ISBN: 978-3-7322-8527-3

Zehn Hypnosen. Band 13: Depressive Gedanken
ISBN: 978-3-7322-8528-0

Zehn Hypnosen. Band 14: Panikanfälle
ISBN: ISBN: 978-3-7322-8533-4

Zehn Hypnosen. Band 15: Gewalterfahrungen
ISBN: 978-3-7322-8535-9

Zehn Hypnosen. Band 16: Posttraumatischer Stress
ISBN: 978-3-7322-8538-9

Zehn Hypnosen. Band 17:
Prüfungsangst und Lampenfieber *ISBN: 978-3-7322-8546-4*

Zehn Hypnosen. Band 18: Anti-Gewalt-Training
ISBN: 978-3-7322-8549-5

Zehn Hypnosen. Band 19: Suchttendenzen
ISBN: 978-3-7322-8550-1

Zehn Hypnosen. Band 20: Soziale Phobie und Kontaktangst
ISBN: 978-3-7322-8557-0

Weitere Hypnosebücher

Die große Hypnosekartei. Textbausteine für Hypnosen
ISBN: 978-3-7322-8634-8

Selbsthypnose. Das Praxisbuch *ISBN: 978-3-7322-4667-0*

Hypnose kreativ gestalten. Anleitungen für die Praxis
ISBN: 978-3-8448-0308-2

Hypnosepraxis. Ein Leitfaden der Trancearbeit
ISBN: 978-3-8370-7629-5

Reframing in Trance. Perspektiven mit Hypnose ändern
ISBN: 978-3-8370-7639-4

Rückführungen. Leitfaden der Reinkarnationstherapie
ISBN: 978-3-8370-7642-4

Der Hypnosebaukasten. Textbausteine und Anleitungen
ISBN: 978-3-8391-8109-6

Grundkurs Hypnose *ISBN: 978-3-8391-0170-4*

Suggestionen richtig formulieren. 10 Minimax-Techniken
für Hypnotiseure *ISBN 978-3-8370-9519-7*

Suggestionstexte und Hypnosevorlagen

Hypnosetexte 1. 50 ausformulierte Suggestionstexte für den Hypnosehauptteil *ISBN: 978-3-7322-4658-8*

Hypnosetexte 2. 50 ausformulierte Suggestionstexte für den Hypnosehauptteil *ISBN: 978-3-7322-4659-5*

Hypnosetexte 3. 50 ausformulierte Suggestionstexte für den Hypnosehauptteil *ISBN: 978-3-7322-4660-1*

Hypnosetexte 4. 50 ausformulierte Suggestionstexte für den Hypnosehauptteil *ISBN: 978-3-7322-4665-6*

Hypnosetexte 5. 50 ausformulierte Suggestionstexte für den Hypnosehauptteil *ISBN: 978-3-7322-8631-7*

Fantasiereisen und Trancegeschichten

Fang wieder an zu leben. Trancegeschichten
ISBN: 978-3-7322-4695-3

Wellen am Horizont. Trancegeschichten
ISBN: 978-3-8391-1394-3

Heilsame Fantasien. Trancegeschichten
ISBN: 978-3-8391-0899-4

Spiegelbilder im See. Trancegeschichten
ISBN: 978-3-7322-9736-8

Feuer am Wasserfall. Trancegeschichten
ISBN: 978-3-7322-9782-5

Frieden mit dem inneren Kind. Trancegeschichten
ISBN: 978-3-7357-8853-5

Heilpraktikerbücher

Heilpraktiker für Psychotherapie. Prüfungswissen
ISBN: 978-3-8334-9867-1

Heilpraktiker für Psychotherapie. Die mündliche Prüfung
ISBN: 978-3-8334-9868-8

Heilpraktiker für Psychotherapie. Die schriftliche Prüfung
ISBN: 978-3-8370-0347-5

Heilpraktiker für Psychotherapie. 20 Fallbeispiele
ISBN: 978-3-8370-1090-0

Endlich Heilpraktiker. Die häufigsten Irrtümer in der Psychotherapieprüfung *ISBN: 978-3-8370-0329-1*

Übungsaufgaben Psychotherapie. Zur Vorbereitung auf den kleinen Heilpraktiker *ISBN: 978-3-8370-0683-4*

Crashtest Psychotherapie. Zur Vorbereitung auf den kleinen Heilpraktiker *ISBN: 978-3-8370-0709-1*

Spezialtest Psychotherapie. Für kleine und große Heilpraktiker *ISBN: 978-3-8370-5838-3*

Heilpraktikerprüfung Psychotherapie. 200 kommentierte Aufgaben *ISBN: 978-3-8370-6017-1*

Diagnosetraining Psychotherapie. Ein Arbeits- und Nachschlagebuch *ISBN: 978-3-8370-4281-8*

Psychotherapie. Der Fragenkatalog. Fachwissen Heilkunde
ISBN: 978-3-8370-5396-8